ÉTUDE

MÉDICALE ET STATISTIQUE

<small>SUR</small>

LA MORTALITÉ

POUR PARAITRE PROCHAINEMENT

COMME COMPLÉMENT DE *L'ÉTUDE SUR LA MORTALITÉ*.

ATLAS MÉTÉOROLOGIQUE ET MORTUAIRE donnant le tracé graphique des circonstances météorologiques observées de semaine en semaine, et de la mortalité hebdomadaire par maladies zymotiques, à Paris, à Londres, à Vienne et à New-York, en 1865.

Par le Docteur L. VACHER

MEMBRE DE LA SOCIÉTÉ MÉTÉOROLOGIQUE DE FRANCE

L'ATLAS et le texte explicatif in-4". . . . . 10 fr.

———

A. Parent, imprimeur de la Faculté de Médecine, rue M^r-le-Prince, 31,

ÉTUDE

MÉDICALE ET STATISTIQUE

SUR

LA MORTALITÉ

A PARIS, A LONDRES, A VIENNE ET A NEW-YORK

EN 1865

D'après les documents officiels

AVEC UNE CARTE MÉTÉOROLOGIQUE ET MORTUAIRE

Par le Docteur L. VACHER

———❦———

PARIS

F. SAVY, LIBRAIRE DE LA SOCIÉTÉ MÉTÉOROLOGIQUE DE FRANCE

24, RUE HAUTEFEUILLE, 24

1866

PRÉFACE.

Tout le monde reconnaît aujourd'hui l'utilité des statistiques sur la mortalité; elles intéressent au plus haut degré l'administration qu'elles éclairent par la comparaison des résultats obtenus, et la médecine elle-même en retire le plus grand profit pour le contrôle et le perfectionnement de ses méthodes; mais ces études n'acquièrent de valeur qu'à la condition que les observations sur lesquelles elles se fondent soient suffisamment nombreuses et étendues.

C'est dans cette pensée que j'ai entrepris de former un tableau comparatif de la mortalité dans quatre grandes capitales, en y joignant les circonstances diverses qui peuvent influer sur la mortalité, telles que les variations atmosphériques, les eaux publiques, la densité de la population, l'aisance et la misère, etc. J'ajouterai que, bien que j'aie eu surtout en vue la mortalité en 1865, je ne me suis pas borné aux relevés mortuaires de cette année; je suis remonté aux années précédentes, afin qu'on pût juger du mouvement de la mortalité à différentes époques.

Le moment semble propice pour entreprendre ces études statistiques qui ont été impossibles jusqu'ici faute de documents authentiques. Depuis quelques années nous avons vu se fonder dans quelques capitales de l'Europe ou du Nouveau-Monde, des recueils périodiques embrassant la constatation des décès par causes de maladies, et l'observation des circonstances météorologiques qui tiennent sous leur dépendance les variations de la mortalité. L'Angleterre, cette nation si remarquable par son esprit d'enquête universelle, est entrée la première dans cette voie, et du premier coup elle a organisé le plus parfait système de statistique mortuaire qui ait été imaginé en aucun temps et en aucun pays ; c'est l'administration du *General Register* qui est chargée, entre autres attributions, de la statistique des décès. La cause du décès est constatée en Angleterre par le médecin traitant ; et ce mode de constatation, le seul qui offre des garanties sérieuses, a été rendu obligatoire par un acte du parlement qui a mis fin aux résistances que la mesure avait provoquées dans le corps médical anglais. Le bulletin du décès, avec la constatation régulière du médecin, est transmis au *General Register Office*, où les décès sont classés par causes de maladies, sous la surveillance d'un médecin. Une feuille hebdomadaire fait connaître le nombre des décès survenus chaque semaine à Londres, avec l'indication des causes et les observations météorologiques relevées jour par jour dans la semaine ; un bulletin de l'état sanitaire de Londres, extrait de cette feuille, est transmis chaque semaine aux journaux politiques de Londres, et porté ainsi à la connaissance du public. Un homme, que ses travaux ont placé au rang des premiers statisticiens de l'Europe, le Dr William Farr, dirige ce service spécial du Registraire général de Londres.

Vienne et New-York ont adopté plus ou moins complétement le système de statistique des décès suivi à Londres ; il est appliqué à Saint-Pétersbourg, où chaque médecin est muni d'un registre sur lequel il est tenu d'inscrire les noms des malades qui viennent à mourir dans sa clientèle avec la cause présumée du décès. Les constatations sont relevées par les médecins d'arrondissement. Ce système serait complet s'il existait un bulletin périodique des décès à Saint-Pétersbourg ; mais nous croyons savoir qu'il paraîtra incessamment.

La France ne pouvait rester en arrière du mouvement. Par un arrêté en date du 4 décembre 1864, M. le préfet de la Seine décida qu'il serait publié à Paris un bulletin mensuel donnant l'état sommaire des actes de l'état civil, et énonçant les causes des décès survenus chaque mois. Ce bulletin est la réalisation d'une idée qui appartient à Colbert. Ce grand ministre, qui voulait fonder tous les actes de l'autorité sur la connaissance précise des faits, proposa au roi d'ordonner qu'il serait publié chaque mois dans Paris un extrait des registres indiquant le nombre des naissances, des décès et des mariages. A ces extraits devaient être jointes des remarques sur les maladies régnantes et les variations atmosphériques. Ce projet, bien remarquable pour l'époque où il fut conçu, reçut un commencement d'exécution ; nous possédons même quelques fragments de ce travail curieux (1), que la mort de Colbert vint malheureusement interrompre.

Le nouveau bulletin de Paris a commencé à paraître en 1865. Cette publication a été vivement attaquée à son apparition. Quelques imperfections inséparables d'une première organisation ont été le prétexte de ces critiques ; mais il ne faut pas oublier que l'œuvre est à son début, et il faut tenir compte des conditions dans lesquelles la statistique des décès a dû débuter à Paris, conditions qui s'amélioreront, il faut l'espérer. La constatation des causes de mort est faite par les médecins vérificateurs des décès, au lieu de l'être par le médecin traitant, comme l'Académie de médecine, consultée à ce sujet à une autre époque, en avait exprimé le désir : le dépouillement et le classement des bulletins par causes de maladies réclame le contrôle d'un médecin exercé; la formule de ces bulletins ne saurait être maintenue plus longtemps ; enfin la nomenclature du bulletin de statistique doit être mise en harmonie avec les progrès de la science.

La constatation des causes de décès par le médecin traitant et le dépouillement des bulletins par un homme de l'art, sont

(1) Morand, le fils du célèbre chirurgien de ce nom, nous en a conservé un extrait fort intéressant, qu'on trouve dans l'*Histoire de l'Acad. roy. des sciences* pour 1771.

deux conditions essentielles auxquelles doit satisfaire une statistique mortuaire; mais ces conditions fussent-elles remplies, et l'organisation matérielle fût-elle irréprochable, comme elle l'est à Londres, il reste encore une cause d'erreur inévitable, qui tient à l'état même de la médecine et à l'incertitude du diagnostic dans certains cas. C'est là une circonstance dont il est impossible de ne pas tenir compte. Aussi, dans cette étude, ai-je dû faire un choix parmi les causes de décès; j'ai retenu celles qui par la facilité avec laquelle elles sont reconnues laissent peu de prise aux erreurs de diagnostic, et j'ai jeté par-dessus bord tout ce qui me paraissait suspect au point de vue de l'exactitude des constatations. Cette élimination faite, il reste encore dans les trois grandes classes des affections miasmatiques, constitutionnelles et des organes respiratoires, un assez bon nombre de maladies généralement reconnues partout, et qui fournissent les éléments d'une statistique sérieuse.

Les documents qui m'ont servi dans ce travail sont tous empruntés aux sources officielles. Je dois sous ce rapport une vive reconnaissance au Dr Farr, de Londres, et au Dr Glatter, surintendant de la statistique à Vienne; à M. Hoffman, city mayor, et à M. Boole, city inspector de New-York; à M. Motheré, qui rédige le *Bulletin de statistique municipale de Paris*, et à M. Legoyt, chef de la division de statistique au ministère de l'agriculture et du commerce.

Dans une ville comme Paris, où il meurt 1 personne sur 4 à l'hôpital, mon attention devait se porter sur la mortalité aux hôpitaux, où la médecine, exercée par des hommes d'un mérite éprouvé, éclairée d'ailleurs par l'examen *post mortem*, à peu près impraticable en ville, peut fournir les éléments d'une statistique fort exacte. Dans cette intention, je m'étais adressé à l'administration de l'Assistance publique, auprès de laquelle j'espérais trouver le même accueil que j'avais reçu partout en France ou à l'étranger: mon attente a été déçue.

Un homme qui doit sa réputation et sa fortune scientifique à la statistique, le directeur de l'Assistance publique, s'est refusé à seconder mes recherches. Qu'il me suffise de lui rappeler que ce n'est pas ainsi que l'ancienne administration des hôpitaux de Paris accueillait au siècle dernier les travailleurs, comme Morand fils, qui venaient consulter les mortuaires de l'Hôtel-Dieu; et le clergé de notre pays, à l'époque où il était encore dépositaire des actes de l'état civil, tint toujours ses registres ouverts à tous ceux qui venaient y puiser dans un but scientifique ou humanitaire.

Cette étude sur la mortalité sera désormais continuée régulièrement; et, dès l'année prochaine, elle sera étendue à d'autres capitales.

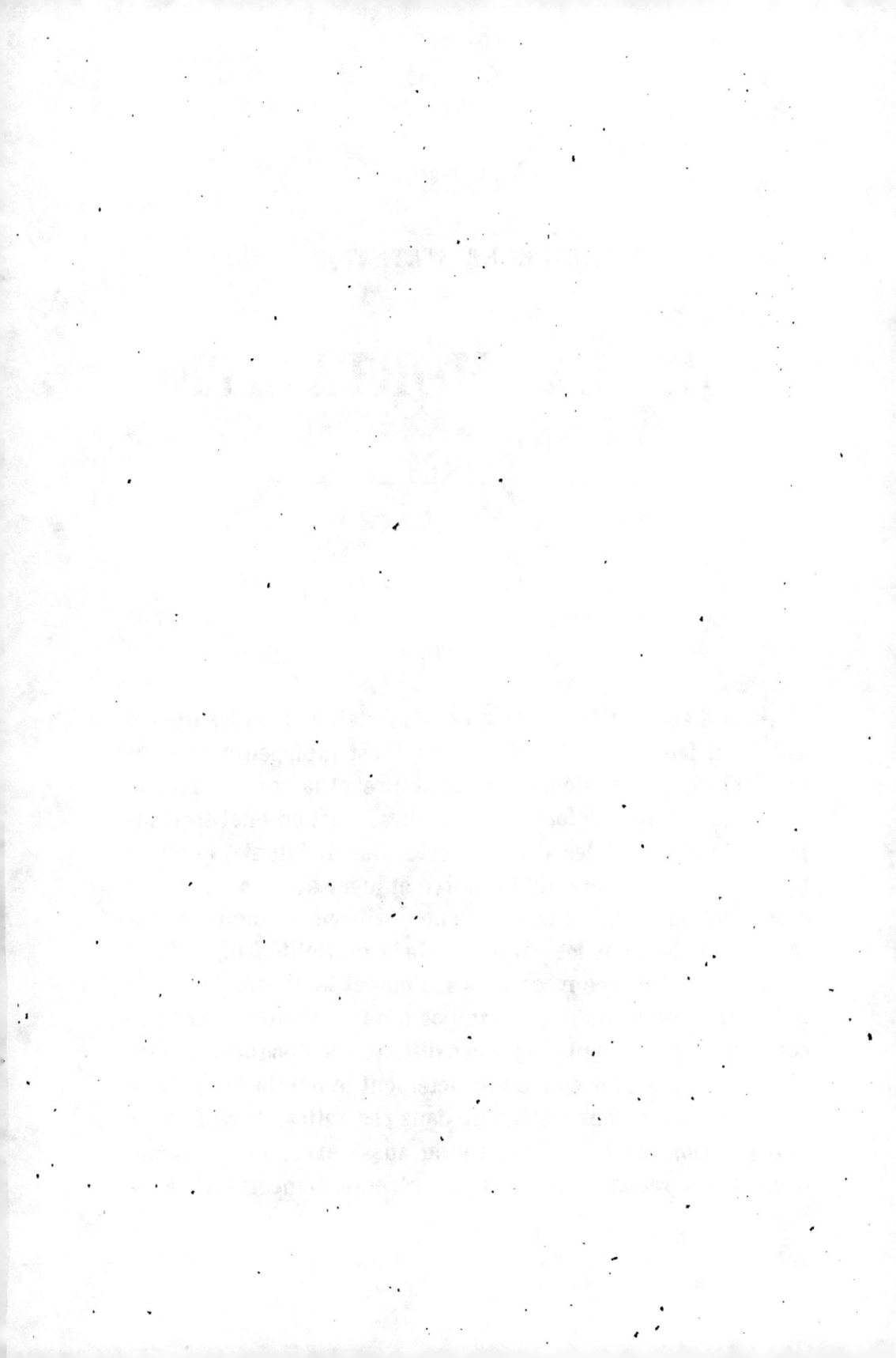

ÉTUDE

MÉDICALE ET STATISTIQUE

SUR LA MORTALITÉ

I.

POPULATION.

Avant d'aborder la question de la mortalité dans les quatre
villes qui font l'objet de cette étude, il est indispensable d'entrer dans quelques détails sur le chiffre et la composition de
la population que renferment ces villes. C'est en effet en comparant le nombre des décès à celui des habitants, que l'on
peut apprécier la mortalité relative et juger de l'état sanitaire
d'une station. Ce n'est pas tout : nous aurons à examiner également quelles sont les variations de la mortalité à différentes
époques. Dès lors ce n'est plus seulement le chiffre de la population actuelle qu'il nous importe de connaître, mais encore celui de la population à ces différentes époques. Il faut
bien le dire, si l'on connaît exactement le nombre des décès
qui surviennent annuellement dans ces villes, le chiffre de
la population est loin d'être connu aussi exactement, même
d'après les recensements les plus récents. L'incertitude aug-

mente quand on veut connaître le chiffre de la population à des époques éloignées, et pour lesquelles il n'existe aucun recensement officiel : ici, en l'absence de documents authentiques, nous en serons réduit à employer des calculs conjecturaux.

Nous allons donner dans le tableau suivant les chiffres de la population de Paris, de Londres, de Vienne et de New-York, d'après les deux derniers recensements, et nous en déduirons par évaluation (voir le calcul à la fin de l'ouvrage) le chiffre de la population actuelle; nous joignons à ce tableau les éléments de statistique qui peuvent influer sur la mortalité, tels que l'étendue superficielle des villes, le nombre des maisons et celui des habitants, par hectare et par maison.

TABLEAU 1.

	POPULATION			TAUX ANNUEL d'accroissem. p. habit.	SUPERFICIE évaluée en hectares.	NOMBRE d'habitants par hectare	NOMBRE des maisons	TAUX locat. m. é.	NBRE d'habit. p. maison
	RECENSÉE.	RECENSÉE.	CALCULÉE						
PARIS (1) entre l. fortific. (garnison incluse).	1.538.613 (1856)	1.696.141 (1861)	1.863.000 (1865)	1,0214	7.802	238	66.333 (1865)	156 f. (1865)	27
LONDRES.	2.362.236 (1851)	2.803.989 (1861)	3.028.600 (1865)	1,0173	31.563	95	429.610 janv. 1866	6L. ou 125 f. (1851)	7
VIENNE Ville, Faub. (garnison incluse).	431.147 (1850)	473.957 (1856)	560.000 (1865)	1,0160	5.635	96	8.783 (1856)	»	54
NEW-YORK (City).	629.547 (1855)	814.254 (1860)	1.025.000 (1864)	1,0526	»	»	42.668 (1855)	»	14

Le tableau ci-dessus montre que l'accroissement de population bien que rapide pour ces quatre villes est loin d'être égal pour toutes ; le taux de cet accroissement pour New-York est égal à ceux des trois autres villes réunis. On peut déduire de cette donnée par un calcul très-simple quelle est

(1) L'effectif de la garnison de Paris *intra muros* s'élevait à 28,300 hommes en 1861; à Vienne, il est de 4,05 p. 100 de la population civile, soit 18,800. A Londres et à New-York, l'effectif militaire est insignifiant. Les chiffres de la mortalité à Paris comprennent les décès de la garnison; nous ignorons s'il en est de même à Vienne.

pour la population de chacune de ces villes, la période de doublement ; elle est de 32 ans pour Paris, de 40 pour Londres, de 44 pour Vienne et de 13 ans et demi seulement pour New-York. En fait, la population de Paris, comprise dans l'enceinte limitée aujourd'hui par les fortifications, était en 1831 de 861,436 habitants ; en 1861, c'est-à-dire 30 ans plus tard, elle était de 1.696.141, le double à très-peu près. Le *census* de Londres constatait en 1831 la présence de 1.654.994 habitants dans cette capitale. D'après le census de 1861, elle est de 2.803.989. La population de New-York qui était de 33.131 en 1790, a cinq fois doublé en 70 ans.

Quelle est la cause de cet accroissement prodigieux dans la population des capitales de l'ancien et du nouveau monde ? Cette cause, il faut la rechercher dans le mouvement qui entraine les populations des campagnes vers les grands centres. Une population, en effet, ne peut s'accroître que de deux manières : ou par l'excédant des naissances sur les décès, ou par les apports de l'extérieur ; mais il est facile de se convaincre que l'excédant des naissances sur les décès ne peut à lui seul rendre compte de cet accroissement. Prenons pour exemple Londres et Paris : A Londres l'excédant des naissances sur les décès est de 328.189, pour une période de 20 ans, 1841 à 1861, mais pendant cette même période, l'accroissement de la population, tel qu'il est établi par le recensement à ces deux époques, est de 926.026 habitants, c'est-à-dire que l'excédant des naissances sur les décès ne représente que 35 pour 100, ou environ un tiers de l'accroissement.

A Paris l'accroissement de population de 1836 à 1856, c'est-à-dire en 20 ans, a été de 305.908, et l'excédant des naissances sur les décès, pendant cette même période, de 41.934, soit 13,7 pour 100 de l'accroissement de population.

On voit donc que l'excédant des naissances sur les décès

ne prend qu'une faible part à l'accroissement de la population. L'immigration fournit le reste, pour Paris du moins, car
Londres s'accroît encore d'une autre manière : on sait en
effet que cette ville n'est pas enfermée comme Paris dans une
enceinte qui limite ses accroissements ; elle gagne chaque
jour par les annexions suburbaines, englobant des villages,
même des villes autrefois distinctes, comme Greenwich,
Woolwich, Sydenham, etc., et qui, de proche en proche,
viennent se fondre dans l'agglomération londonienne, sans
que rien puisse faire prévoir où s'arrêtera ce mouvement.
A Paris, la population *intra muros*, qui était de 1.538.613 en
1856, s'élevait à 1.696.141 en 1861, ce qui donne un accroissement moyen annuel de 31.500 personnes sur lesquelles
4.200 sont fournies par l'excédant des naissances sur les
décès ; d'où cette conclusion que vingt-cinq à trente mille individus viennent chaque année chercher fortune à Paris. Il
n'entre pas dans notre plan de faire voir quelles modifications un pareil mouvement doit apporter à la composition de
la population. Qu'il nous suffise de dire que la population de
Paris n'est pas une population normale, dans l'acception statistique du mot, et que l'élément étranger, comme nous aurons occasion de le constater à propos des décès, y joue le
principal rôle.

Nous examinerons plus loin pour Paris, qui doit être le
principal objet de nos recherches, quelles variations a subies
la mortalité à différentes époques.

Nous possédons des tables mortuaires qui remontent jusqu'à
la fin du xvii° siècle, et qui font connaître très-exactement le
chiffre annuel des décès dans la capitale ; mais le second élément de la mortalité relative, c'est-à-dire la population de
Paris avant 1800, nous fait complétement défaut, et on en
a donné les évaluations les plus diverses. Si l'on prend pour
base d'évaluation le chiffre des naissances qui était de 18.000,
année moyenne, vers la fin du xviii° siècle, on arrive à attri-

buer à Paris pour cette époque une population de plus de
600.000 habitants, en admettant que la fécondité naturelle
de la population parisienne n'ait pas changé ; mais c'est un
fait mis hors de doute par la statistique que le rapport des
naissances à la population change avec l'économie politique
et domestique des peuples et quelquefois très-rapidement,
et que les progrès de la civilisation ont pour résultat inva-
riable de diminuer la fécondité naturelle des races. Paris,
moins que toute autre ville, n'a pu échapper à cette loi ; cela
conduit donc à rejeter l'évaluation ci-dessus comme exagérée.
Pour arriver à fixer approximativement le chiffre de la population de Paris sous Louis XIV, et vers 1680, nous avons
employé le moyen suivant. En 1672, le rôle des boues de
Paris portait à 20.000 le nombre des maisons de la capitale ;
or, les maisons à cette époque n'étaient ni moins élévées, ni
moins spacieuses qu'aujourd'hui. Il suffit pour s'en convaincre de visiter les vieux quartiers du Temple et du Marais, qui n'ont pas changé depuis Louis XIII et Louis XIV. Eh
bien, le nombre moyen d'habitants par maison, à Paris, est
actuellement de 27 (voir tableau I), et en admettant la même
moyenne pour les maisons du xviie siècle, on trouve pour
Paris uue populalation de 540.000 habitants, vers la fin du
xviie siècle ; c'est le chiffre qui nous servira dans nos calculs
sur la mortalité relative de Paris à cette époque.

Pendant le cours du xviiie siècle, la population de
Paris varia peu et varia très-lentement ; l'immigration n'a-
vait pas encore pris les proportions qu'elle a acquises depuis ;
et d'autre part l'excédant des naissances sur les décès était
insignifiant. De 1710 à 1790, le nombre de naissances fut de
1.512.694, et le nombre des décès 1.504.845, en sorte que
l'accroissement de population dû à cette cause fut seulement
de 7.849. En 1762, un dénombrement par feux portait à
600,000 le nombre des habitants de la capitale. Pendant la
Révolution, la population de Paris diminua notablement, si

bien qu'en 1800, au premier recensement à domicile qui fut fait par ordre du premier consul, la population n'était plus que de 547.756. Il faut attribuer ce résultat aux événements politiques, et pour une faible part aussi à l'excédant des décès sur les naissances. Le chiffre des naissances de 1790 à 1800 fut de 217.614, et celui des décès de 224.727 (1). Un fait assez singulier, c'est que de 1800 à 1810 les décès surpassèrent encore les naissances de 5.658. Ce n'est qu'à partir de 1810, que le chiffre des naissances est devenu définitivement prépondérant et n'a pas cessé de surpasser celui des décès, si ce n'est dans les années épidémiques, comme en 1815 où sévit l'épidémie de typhus, en 1832, 1849, 1854 où sévit le choléra.

Il ne suffit pas de connaître le chiffre de la population pour résoudre complétement la question de la mortalité relative dans un lieu donné. Nous aurons à rechercher les variations de la mortalité aux différents âges de la vie, et pour cela il est indispensable de savoir comment la population est répartie suivant les âges. Pour déterminer, par exemple, le degré de fréquence, ou plutôt de léthalité d'une affection sur la vieillesse ou sur l'enfance, il ne suffit pas, comme on le fait communément, de comparer le chiffre des décès cau-

(1) La mortalité qui était en moyenne de 20.000 par an s'éleva en 1794 1795 et 1796 à 30.388, 26.978, 27.779 : l'accroissement de la mortalité pendant ces trois années de mémoire révolutionnaire ne tient pas, comme l'ont avancé sans preuves quelques déclamateurs de l'école politique, aux exécutions *sans nombre* qui eurent lieu à Paris (le nombre des condamnations, prononcées pendant la Terreur par le tribunal révolutionnaire de Paris et exécutées, est de 2.669) : la mortalité exceptionnelle de ces trois années fut causée par une disette générale dont les effets se firent sentir non-seulement à Paris, mais dans le reste de la France et même en Angleterre : pareil fait et pareil résultat s'étaient déjà produits en 1709, année si malheureuse, que la Maintenon à Versailles en était réduite à manger du pain d'avoine : le nombre des décès s'éleva cette année à Paris à 29.000, presque le double du chiffre moyen annuel des décès à cette époque.

sés par cette maladie à l'un de ces âges, au chiffre de la population totale, ni même, comme le font certains statisticiens, au chiffre total des décès observés à cet âge. C'est là une manière de procéder dont M. le professeur Grisolle a fait ressortir le vice (1). Il faut, pour avoir la mortalité relative à un âge, rapporter le nombre des décès survenus à cet âge au chiffre de la population de ce même âge. Un exemple rendra la chose plus claire. Dans l'épidémie de choléra qui a sévi à Paris en 1865, il est mort 1.426 enfants au-dessous de 5 ans, 1.683 personnes de 25 à 40, et 883 personnes au-dessus de 60 ans. Si, comme on le fait dans quelques ouvrages de statistique médicale, on prend en considération le chiffre total des décès à ces divers âges, qui est de 16.116 pour le premier, 8.479 pour le second, 10.304 pour le troisième, la mortalité relative due au choléra sera représentée pour ces trois âges par les nombres proportionnels suivants :

$$0 - 5 \text{ ans}.......... \quad 1,1$$
$$25 - 40 \ — \ .... \quad 2,5$$
$$60 \text{ et au-dessus}...... \quad 1$$

En sorte qu'on arriverait à cette conclusion qu'à Paris ce serait l'âge adulte qui aurait fourni la plus forte proportion de décès cholériques. Mais à Paris, sur 10.000 personnes on trouve 645 enfants de 0 à 5 ans, 3.139 adultes de 25 à 40, et 777 vieillards au-dessus de 60 ans ; c'est-à-dire qu'il y a environ 5 fois plus d'adultes que d'enfants, et 4 fois plus que de vieillards. La mortalité de 25 à 40 ans se trouvant répartie sur un plus grand nombre de têtes, on trouve que pour un décès cholérique chez les adultes, il y en a deux

(1) *Traité de la Pneumonie*, 2e édit., p. 98 et 59. Cet ouvrage est certainement la plus remarquable monographie médicale qui ait été publiée en France depuis les célèbres *Recherches sur la fièvre typhoïde* par M. Louis, non-seulement à cause de son mérite clinique hors ligne, mais par la rigueur avec laquelle on y applique les principes de la méthode numérique.

chez les vieillards et 4 chez les enfants, proportion inverse
de la précédente. Ce que nous disons du choléra s'applique
à toutes les autres causes de décès, et c'est ainsi que nous en-
visagerons la question de la mortalité relative aux divers âges,
en la rapportant au chiffre de la population de chaque âge.
Voici maintenant le tableau de la distribution de la population.

TABLEAU II.   DISTRIBUTION DE LA POPULATION PAR AGES

SUR 10.000 HABITANTS.

	0-1 an.	1-5	5-10	10-20	20-30	30-40	40-50	50-60	60-70	70-80	80-90	90 100	100-
FRANCE.	217	750	877	1737	1609	1459	1278	994	710	305	65	4	0,16
PARIS.	110	534	636	1468	2178	1998	1417	874	544	195	38	2,6	0,04
NEW-YORK.	351	1039	957	1876	2485	1664	890	432	199	62	13	2	0,16
LONDRES.	0.5 ans. 1291	1071	1867	1888	1481	1106	681	407	169	35	2.5	0,07

Ces chiffres ont été déduits des tables de recensements de
1861 pour là France, Paris et Londres, et du census de 1855
pour New-York. Nous avons cru devoir présenter le tableau
de la composition de la population en France (1) comme élément de comparaison, parce qu'elle représente une population normale se développant régulièrement, c'est-à-dire que
les nombres des vivants à chaque âge y gardent leurs rapports
naturels. Il n'en est pas de même de Paris, où l'immigration
vient à chaque instant altérer ces rapports. On voit qu'à Paris
le nombre des enfants de 0 à 5 ans, et celui des personnes
âgées de plus de 60 ans est notablement inférieur à celui des

(1) L'Annuaire du bureau des longitudes donne pour la distribution de
la population en France une table qui diffère sensiblement de la nôtre;
mais je ferai remarquer que celle de l'Annuaire est un peu ancienne, et je
me suis assuré qu'elle ne représente qu'imparfaitement la loi de la distribution de la population suivant les âges.

enfants et des vieillards de cet âge en France, tandis que le nombre des individus de 20 à 40 ans est beaucoup plus considérable à Paris que dans les départements. Cette différence s'explique facilement pour le jeune âge, à cause du grand nombre d'enfants qui sont envoyés en nourrice dans les départements.

Il est moins facile d'expliquer la diminution de la population à l'autre extrême de la vie. Cela tient peut-être à ce qu'un grand nombre de personnes quittent les affaires à ce moment et vont s'établir en province. La prépondérance de l'âge adulte à Paris s'explique sans difficulté. C'est l'âge où l'on vient tenter fortune à Paris, et où nombre de personnes qui vivent difficilement dans les campagnes, où la main-d'œuvre est dépréciée, désertent le travail des champs pour un travail plus lucratif à la ville. (Il n'y a pas à Paris moins de 108.000 domestiques, ou gens de service des deux sexes, venus en général de province.) Cette prépondérance de l'âge adulte est surtout frappante pour New-York, ce qui s'explique par le prodigieux mouvement d'immigration qui se fait vers cette capitale. M. Boole, city inspector de New-York, nous apprend, dans son rapport sur la mortalité dans cette ville en 1864, que le nombre total des émigrants qui ont débarqué à New-York en 1864 était de 182.916, et que, sur ce nombre, 93.819 avaient New-York pour lieu de destination ; or, on sait que l'émigration se recrute surtout parmi les personnes de 20 à 30 ans.

Le *Bulletin de statistique municipale de Paris* publie les décès par catégories d'âges qui diffèrent un peu de celles qui sont consignées au tableau II ci-dessus. Il est donc nécessaire que nous donnions ici une table supplémentaire de la distribution de la population de Paris répondant à la division de ce bulletin.

TABLEAU III.

DISTRIBUTION DE LA POPULATION DE PARIS

SUIVANT LA CATÉGORIE D'AGES

adoptée par le Bulletin de statistique municipale.

					Sur 10.000 habitants.
de 0- 5	ans	il y a	120.000	enfants des deux sexes....	655
5-15	—		240.000	—	—	1236
15-25	—		345.000	adultes des deux sexes....	1855
25-40	—		585.000	—	—	3139
40-60	—		427.000	—	—	2291
60 et au-dessus	—		145.000	-	—	777
Age inconnu					7

Enfin nous ajouterons quelques autres détails qui nous permettront d'examiner la mortalité de Paris sous divers aspects intéressants de sexe, de nationalité, de naissance, etc.

TABLEAU IV (1)

POPULATION DE PARIS D'APRÈS LE SEXE.

	Au-dessous de 21 ans.	Au-dessus de 21 ans.	TOTAL.
Sexe masculin.....	249.612	613.640	863.252
— féminin.....	239.999	592.890	832.889
Total.......	489.611	1.216.530	1.696.141

(1) M. de Chabrol, ancien préfet de la Seine, en publiant le premier volume des *Recherches statistiques sur la ville de Paris*, recueil précieux que tous ses successeurs ont tenu à honneur de continuer, disait : « il se présente fréquemment des questions administratives fort importantes, que l'on ne pourrait pas résoudre sans recourir à ces renseignements statistiques. » Voici entre autres, une de ces questions que le tableau IV permet de résoudre. On sait quels vifs débats se sont souvent engagés dans la presse politique et devant le Corps législatif sur la question de savoir combien le département de la Seine devait avoir de députés. Il y a, comme on voit par le tableau précité, 613.640 individus habitant Paris et ayant l'âge requis pour voter : pour le département de la Seine, le nombre des individus âgés de plus de 21 ans est de 708.640. Mais tous ne remplissent pas les conditions imposées par la loi : il faut en retrancher les faillis et les individus frappés de condamnations judiciaires, emportant privation des droits politiques, et ce nombre serait d'environ 25.000 (chiffre donné par M. Baroche); il faut en retrancher aussi les étrangers non nationalisés, soit 28.000 individus ; ce qui donnerait un

Population de Paris d'après la nationalité.

Français	Allemands	Belges	Suisses	Anglois	Italiens	Améric.	Polonais	Espag.	Divers
1.608.875	27.097	22.782	8.622	7.028	6.707	2.784	2.630	1.830	7.786

Proportion relative de l'élément indigène et étranger.

$$
\text{Français....}
\begin{cases}
\text{nés à Paris.....} & 38 \text{ p. } 100 \\
\text{nés hors Paris..} & 56 \quad — \\
\end{cases}
$$

Étrangers........................   6

On voit qu'à Paris la population masculine est plus considérable que la population féminine, et cela dans le rapport de 1,03 à 1.

total de 655.000 individus ayant capacité pour élire. Si à Paris, comme cela se pratique dans les départements, l'administration prenait elle-même l'initiative de l'inscription des citoyens sur les listes électorales, on voit qu'à raison de un député pour 35.000 électeurs, la députation de la Seine compterait 18 députés. On peut objecter à cela que l'inscription par l'administration offrirait de trop grandes difficultés, dans une population qui change si souvent de domicile. La difficulté serait grande sans doute, mais non pas insurmontable : ne voyons-nous pas le fisc suivre et retrouver à point le patenté et le contribuable dans le cours de leurs pérégrinations domiciliaires ?

II.

MÉTÉOROLOGIE.

Des Airs, des Eaux et des Lieux.

Une étude sur la mortalité dans quatre villes séparées par des distances considérables et placées dans des conditions climatériques différentes, serait incomplète, si elle ne tenait pas compte des circonstances météorologiques qui définissent le climat de ces villes. Ces circonstances ont en effet une influence marquée sur la mortalité, pour certaines classes de maladies du moins, comme on le verra plus loin. Une étude sur la mortalité faite à ce point de vue serait d'une grande utilité pour la médecine ; malheureusement les éléments d'une pareille étude font presque complétement défaut; les observations météorologiques, qui en seraient la base et comme la matière première, commencées, puis interrompues, entreprises d'ailleurs sans vue d'ensemble et dans un but étranger aux applications médicales, ne sauraient être d'une grande utilité : et c'est pourquoi la science de l'influence des milieux est encore à l'heure qu'il est tout entière à créer.

Depuis quelques années, depuis surtout que le retour d'épidémies meurtrières tient en éveil l'attention des savants, des médecins et des administrations, on semble mieux comprendre l'utilité des données climatériques dans l'étude des questions que soulève le problème des épidémies : aussi voyons-nous s'organiser un vaste système d'observations qui aideront sans doute un jour à sa solution. L'autorité, qui est la première à bénéficier des progrès de l'hygiène publique, a pris dans toutes les grandes capitales l'initiative de mesures qui répondent au besoin que nous venons de signaler. Le *Register general* de Londres publie depuis longtemps avec la liste des décès de Londres, classés par causes de maladies, le tableau comparatif des observations météorologiques : elles ne laissent rien à désirer pour le nombre et l'exactitude : New-York, Vienne et Bruxelles publient depuis plusieurs années de semblables bulletins. L'administration de Paris, depuis le commencement de 1865, fait paraître chaque mois le tableau des décès et des observations météorologiques. Grâce à cet ensemble d'observations qui se poursuivent ou s'organisent dans tous les pays, on pourra peut-être, quand on aura un recueil d'observations embrassant un grand nombres d'années et de stations, arriver à déterminer les circonstances de la marche et du développement des maladies épidémiques, de la même manière et aux mêmes conditions que les astronomes déterminent la marche des astres mal connus ou soupçonnés.

Le plus grand observateur que la médecine ait produit depuis Hippocrate, Sydenham, frappé de l'ordre dans lequel se reproduisent certaines maladies, suivant les saisons, et ce qu'il appelait les constitutions médicales, se demandait (1) si les épidémies ne seraient pas soumises à une loi de succession régulière, et si, par un examen attentif et persévérant de toutes les circonstances de leur développement, on ne parviendrait pas à découvrir cette loi : il ajoutait que ce ne serait pas trop de la vie d'un seul homme pour une pareille tâche. Cela ne surprendra personne, si l'on songe qu'il fallut 22 années d'observations à Keppler pour trouver les lois qui portent son nom. Quoi qu'il en soit, en attendant que la médecine ait trouvé son Keppler, il faut recueillir et coordonner tous les éléments que les sciences auxiliaires mettent à notre disposition. Ils serviront peut-être à éclairer cette question si obscure des

_____

(1) Haud equidem satis scio, an diligentius examen (quali rite instituendo vix unius hominis brevis ætas par esse videatur) nos edoceret, epidemicorum alios continua quadam serie, seu facto circulo, alios semper excipere (*Sydenh.*, *de morb. epid.* II, p. 40, édit. de Leyde).

constitutions médicales, que M. le professeur Bouillaud a appelée, non sans raison, l'astrologie de la médecine.

A un autre point de vue plus pratique, il est à désirer que les efforts des savants et des médecins se tournent de ce côté, et qu'ils soient secondés par l'autorité : c'est que les maladies dont nous puisons le germe dans le milieu qui nous entoure sont précisément celles que la médecine peut combattre avec le plus d'efficacité, malgré le grand nombre de victimes qu'elles font chaque année. En effet, pendant que la médecine est impuissante à arrêter la marche presque fatale des affections constitutionnelles qui emportent 1/5ᵉ de notre race ; pendant que dans les maladies aiguës, elle réclame l'honneur douteux d'une guérison dont la nature fait à elle seule presque tous les frais, elle a, dans le traitement des maladies miasmatiques, obtenu des succès assurément moins contestables que ceux qu'elle revendique dans le traitement des autres affections : par l'étude des symptômes prémonitoires du choléra, surtout par les réformes qu'elle a provoquées dans l'hygiène publique, elle a fait la part de plus en plus étroite au fléau ; par la quinine, elle triomphe des fièvres paludéennes, et par la vaccine elle fait échec à la variole ; si de récentes et parfois de meurtrières épidémies sont venues démentir ce dernier succès et remettre en question l'efficacité de la vaccine, encore faut-il convenir que nous ne sommes plus au temps de La Condamine où la petite vérole emportait 1/5ᵉ de ceux qu'elle frappait, et où le prince de Kaunitz défendait qu'on prononçât ce nom devant lui.

Les observations que les sciences physiques recueillent pour nous embrassent tout ce qu'Hippocrate a désigné sous le titre bien connu mais mal défini : *des Airs, des eaux et des lieux.* Dans le langage de la science moderne, ce sont les modifications que subit l'atmosphère dans sa température, sa pression, son degré d'humidité, son état électrique et ozonique, les vents considérés dans leur direction et leur intensité, la quantité de pluie qui tombe, les eaux qui servent à la consommation. Le bulletin de Londres est le seul qui donne cet ensemble d'observations d'une manière complète : nous allons résumer dans quelques tableaux les observations météorologiques de Londres, de Paris, de New-York et de Vienne : Pour Paris, nous donnons la moyenne des observations de chaque mois, afin qu'on puisse comparer ces observations aux relevés, de la mortalité qui sont aussi faits chaque mois : pour les trois autres villes nous donnons le tableau des observations par saisons : nous n'avons pas encore reçu le rapport annuel de New-York, pour 1865 ; le tableau qui figure ici comme celui de la mortalité de New-York que nous donnerons plus loin, s'applique à l'année 1864 :

TABLEAU V.

Table météorologique pour Paris (1865).

	Température moyenne.	Différence avec la moyenne de 21 ans	Baromètre.	Hygromet. à cheveu (Observat.)	Hygromet. d'August (Varieu.)	Pluie tombée à l'Observatoire	Pluie tombée à Passy	Quantité d'eau fournie en mètres cubes	Température des eaux aux bains de Passy. max.	min.	Nombre de jours d'eau de Seine. trouble	claire
			mm			m.m.	m.m.					
Janv.	+ °6	+1°6	749.4	80	81	66.0	47.3	4.309.043	5°6	0°4	17	14
Févr.	2°4	—2°4	755.1	70	79	35.4	45.7	3.630.655	6°0	0°6	28	0
Mars.	2°4	—4°2	753.8	60	75	28.6	25.0	4.015.906	6°2	3°6	31	0
Avril.	15°9	+6°2	758.8	47	»	11.7	11.5	4.524.283	19°8	4°8	0	30
Mai..	16°2	1°8	755.6	46	»	79.6	81.0	4.760.129	21°6	16°8	1	30
Juin.	17°9	0°0	759.7	47	»	67.0	18.0	4.979.459	22°6	17°6	0	30
Juill..	20°0	1°5	756.6	49	62	56.4	63.7	4.305.451	24°2	18°0	0	31
Août.	17°8	—0°8	754.7	47	72	31.6	24.7	5.358.116	22°0	18°2	0	31
Sept..	19°2	3°4	758.1	46	68	52.1	33.6	4.924.000	22°6	18°4	0	30
Oct..	12°2	0°9	748.5	58	73	66.1	59.9	5.029.274	21°4	11°8	1	30
Nov..	7°9	1°0	755.0	75	84	70.3	49.2	4.845.998	12°4	8°6	0	30
Déc..	2°3	—1°6	764.8	78	88	12.4	9.9	5.039.857	11°0	2°8	6	25

TABLEAU VI.

Table météorologique par saisons.

		Tempér. en centigrad	Etat Hygrométrique	Pression atmosphérique	Quantité de pluie en mill.	Tempér. moyenne d. mois le pl. chaud	Tempér. moyenne d. mois le froid	Différ. de tempér.
				mm.	mm.			
	Hiver........	2°. 8	79.0	752. 7	130. 0			
	Printemps...	16°. 6	»	758. 0	158. 3			
PARIS.	Été........	19°. 0	67	756. 4	139. 5	20° 0	2° 4	17°6
	Automne....	7°. 4	81.6	755. 8	148. 8			
	Année 1865..	11°. 4	»	755. 7	576. 6			
				mm.	mm.			
	Hiver........	2°.49	85	751.84	154. 9			
	Printemps....	13°.44	72	759.46	182. 8			
LONDRES.	Été........	16°.94	76	756.92	165. 1	17° 4	2° 3	15°1
	Automne....	7°.78	88	754.3	233. 6			
	Année 1865..	10°.16	80	756.46	736.57			
				lignes.				
	Hiver	-1°. 2	80	327. 8	»			
	Printemps....	15°. 6	59	331. 2	»			
VIENNE.	Été	19°. 0	62	330. 9	»	22° 2	--4° 36	26° 56
	Automne	5°. 1	79.9	330. 8	»			
	Année 1865..	9°. 6	70	330. 0	»			
				mm.				
	Hiver........	-0°.96	3°. 2	757.77	105. 9			
	Printemps...	13°. 9	4°. 9	759.05	182. 6			
NEW-YORK	Été..........	20°. 8	6°. 9	759.98	216. 9	23°.89	-1°.11	25°
	Automne.....	6°.46	4°. 7	759.98	241. 4			
	Année 1864..	10°.22	4°. 9	759. 2	749. 8			

Degrés extrêmes de froid et de chaleur observés à Paris.

(Extr. de l'histoire et des comptes-rendus de l'Académie des Sciences.)

		Minimum.	Maximum	OBSERVATIONS.
1665	6 Février	— 21°. 2		
1706	8 Août		35°. 3	
1709	13 Janvier	— 23°. 1		
1753	7 Juillet		35°. 6	
1788	31 Décembre ..	— 22°. 3		.... La gelée dura 50 jours. — La
1793	8 Juillet		38°. 4	glace atteignit une épaisseur de
1795	25 Janvier.....	— 23°. 5		16 pouces = 13 centimètres.
1825	19 Juillet		36°.25	
1826	1er Août		36°.	
1830	17 Janvier	— 17°.25		
1842	18 Août.......		37°.·2	
1846	5 Juillet......		36°. 5	

Nous ne ferons ici que de très-courtes observations sur ces tables, renvoyant pour de plus amples détails à une note sur l'hygromètre que nous avons rejetée à la fin de cette étude. Les hauteurs barométriques sont exprimées en millimètres, sauf la table de Vienne, où nous avons conservé la division en lignes; il est facile de convertir les nombres de cette table en millimètres, connaissant le rapport de la ligne de Vienne au mètre : la ligne vaut $2^{mm},195$. Les températures sont exprimées en degrés centigrades, le degré d'humidité de l'air est évalué par les indications de l'hygromètre à évaporation d'August, pour Londres et Vienne : le point de saturation de l'air est représenté par 100. A New-York, on se sert également de cet instrument; mais au lieu de calculer le degré d'humidité comme dans ces deux dernières stations, on se contente d'enregistrer la température d'évaporation, c'est-à-dire la température indiquée par un thermomètre dont la boule est recouverte d'un linge imbibé d'eau : la différence de température d'un thermomètre placé dans ces conditions et d'un thermomètre ordinaire, indique la sécheresse ou l'humidité de l'air. Pour Paris, j'ai donné deux séries d'observations faites, l'une à l'Observatoire à l'aide d'un hygromètre à cheveu, l'autre par moi-même à l'aide du pychromètre d'August : je n'ai pas besoin de dire combien le procédé qu'on emploie à l'Observatoire de Paris laisse à désirer; le moindre défaut de cette méthode (1), c'est qu'elle fournit des valeurs qui ne sont pas comparables à celles des autres stations, où l'on fait usage exclusivement de l'hygromètre d'August. La série d'observations que j'ai faites moi-même présente une lacune de trois mois.

Le tableau VI montre que les écarts de température annuelle ont été de $17°,6$ à Paris, de $15°,1$ à Londres : à Vienne et à

---

(1) Elle est indigne de ce grand établissement, et du savant directeur des observations météorologiques. Espérons que l'hygromètre à cheveu disparaîtra bientôt, pour faire place à des instruments plus précis et se prêtant mieux à un système d'observations internationales.

New-York, ces écarts sont beaucoup plus étendus. J'ajouterai que c'est là un fait normal sous le climat de New-York, contrairement à la doctrine couramment enseignée, que les climats marins se distinguent par une température uniforme ou du moins variant entre des limites très-étroites. Nous reviendrons sur ce point à propos de la phthisie.

Des eaux potables.

« La bonne qualité des eaux, dit de Jussieu (1), étant une des choses qui contribuent le plus à la santé des citoyens d'une ville, il n'y a rien à quoi les magistrats aient plus d'intérêt qu'à entretenir la salubrité de celles qui servent à la boisson commune des hommes et des animaux. » Les Romains avaient bien compris l'importance de la bonne qualité des eaux publiques, et guidés par cette sûreté d'instinct qui remplaçait pour eux les théories de l'hygiène, de bonne heure ils avaient renoncé aux eaux du Tibre qui traversait leur capitale, pour aller chercher au loin dans les montagnes des eaux qu'ils amenaient à Rome dans des aqueducs fermés qui subsistent encore et alimentent la ville. Et ce n'est pas seulement pour leur capitale qu'ils entreprenaient ces grands travaux hydrauliques : l'aqueduc du mont Pila à Lyon, du pont du Gard à Nîmes, et cent autres pareils en Espagne ou en Italie, montrent qu'ils ne reculaient devant aucun effort pour doter leur colonies provinciales de systèmes de conduites d'eaux meilleures que celles des rivières ; jamais ils n'auraient accepté l'eau de Seine pour leurs besoins domestiques, témoin l'aqueduc d'Arcueil, que l'empereur Julien avait fait construire pour alimenter son palais des Thermes. Aussi y a-t-il lieu d'être surpris, qu'en dépit des progrès de l'hygiène publique, nous soyons restés si longtemps sur ce point plus arriérés que les Romains : l'étonnement redouble,

(1) *Hist. de l'Académie royale des sciences*, 1733, mémoire sur l'état des eaux de la Seine, pendant l'épidémie qui sévit à Paris dans l'été et l'automne de 1731.

quand on songe qu'il y a quelques années l'administration
s'étant préoccupée à Paris d'améliorer le système d'eaux publiques, en remplaçant l'eau de Seine par des eaux de sources,
des savants distingués se mirent à la traverse de ces plans,
déclarant qu'on revenait à la barbarie, et que l'eau de la Seine
était à tous les points de vue préférable à ces eaux qu'on allait
chercher au loin dans les montagnes pour les conduire à grands
frais dans la ville. « La barbarie, répondait avec raison M. le
Préfet de la Seine (1), n'est elle pas au contraire du côté de
ceux des modernes qui regardent comme le dernier terme
du progrès de faire monter chaque mètre cube d'eau par la
combustion d'une certaine quantité de charbon, de soumettre
l'alimentation d'une grande ville aux chances de dérangement
de machines compliquées, et de livrer aux consommateurs
une eau mêlée de substances étrangères, et, qu'à cause de sa
température élevée, on ne peut boire pendant six mois sans
dégoût ? La meilleure application du savoir et la perfection véritable ne sont-elles pas au contraire chez les Romains, auteurs de ces magnifiques aqueducs, fleuves suspendus d'eau
pure et toujours fraîche, un bienfait éternel que ne peut sus-
pendre une roue qui se brise, ou un foyer qui s'éteint ? »

Ce n'est pas seulement à Paris qu'on a compris la nécessité
de réformer le régime des eaux potables : de semblables réformes ont été faites ou sont en voie d'exécution dans les autres
capitales ; il y a en ce moment comme une sorte d'émulation
entre les administrations des grandes métropoles, et c'est à
qui résoudra le mieux la question de l'approvisionnement des
eaux : nous allons examiner rapidement comment la question a été résolue à New-York, à Londres, à Paris et à Vienne :
nous donnerons comme élément de comparaison quelques détails sur les eaux publiques de Rome, la ville du monde la
plus favorisée sous ce rapport.

(1) Mémoire de M. le préfet de la Seine, 4 août 1854, p. 37.

Des Eaux de New-York.

New-York est la première métropole qui ait amélioré son système d'eaux publiques, et les travaux qu'elle a exécutés pour fournir aux besoins de sa population portent le cachet de grandeur que le peuple des États-Unis imprime à toutes ses œuvres. Jusque vers 1840, New-York n'avait d'autres eaux que celles qu'elle tirait de puits creusés dans les maisons particulières : mais cette eau (on sait que New-York est bâtie sur une île et au bord de la mer) était sujette à de certains moments à des infiltrations salines, et devenait ainsi pour longtemps impropre à la consommation. Il fallait renoncer à un système qui présentait de si graves inconvénients, et qui d'ailleurs devenait chaque jour plus insuffisant, en présence des besoins croissants d'une population qui double tous les quinze ans. Le *Common Council* de New-York se décida, après bien des études et des avant-projets, à amener dans la ville les eaux de Croton-River : ce sont des eaux courantes ; mais elles sont d'une pureté, d'une fraîcheur et d'une limpidité remarquables, qualités qu'elles doivent sans doute à ce qu'elles coulent sur un lit granitique, et dans des vallées profondément encaissées : elles contiennent 0^m,05 par litre de carbonates calcaire et magnésien : elles tiennent en suspension quelques traces de matières organiques : ce sont des débris de végétaux emportés par le courant, et dont elles se débarrassent par leur séjour dans un bassin spécial : elles réunissent donc les qualités essentielles d'une eau potable et peuvent rivaliser avec les meilleures eaux de sources.

Au point de prise d'eau, on a établi un barrage dans le lit du Croton : ce barrage, outre qu'il permet de capter un plus grand volume d'eau, a encore l'avantage d'exhausser le niveau au point de départ, ce qui permet à l'eau d'arriver de plein jet au dernier étage des édifices les plus élevés de New-York : l'eau est amenée du barrage à la ville par un aqueduc de 66 kilomètres de long, ouvrage d'une exécution hardie qui tra-

verse le bras de mer appelé Harlem-River sur un magnifique
pont en pierre. Un peu avant leur arrivée dans la ville, les
eaux sont reçues dans un bassin d'épuration, couvrant une superficie de 12 hectares sur une profondeur de 6^m,50 : le radier
est en granit, et les murs extérieurs en maçonnerie assez
épaisse pour empêcher l'échauffement de l'eau par l'insolation,
et prévenir un accident comme celui qui survint il y a deux
ans aux réservoirs de Sheffield en Angleterre, et qui amena
une inondation désastreuse. Ce bassin, avons-nous dit, est
une piscine épuratoire où l'eau se dépouille des impuretés de
toutes sortes qu'elle tient en suspension. De là elle passe dans
un bassin de distribution, dont le plan d'eau est à 35^m au-dessus du niveau de la mer. Ce second bassin couvre une superficie de 138 ares et contient 100,000 mètres cubes d'une eau
pure, fraîche, limpide et pouvant être distribuée immédiatement. La quantité d'eau distribuée à la ville s'élève par jour à
160,000 mètres cubes, quantité supérieure, comme on voit, à
celle que contient le bassin de distribution, et qui est presque le quart de celle que le bassin d'arrivée tient en réserve.

La capacité du bassin de distribution était évidemment insuffisante. Qu'une crue subite fût venue rompre la digue de
Croton-River, ou qu'un accident imprévu comme une sécheresse prolongée eût réduit le volume d'eau débité par le fleuve,
le bassin d'arrivée n'ayant qu'une réserve de quatre ou cinq
jours, la population de New-York se fût trouvée privée d'eau :
à cette seule pensée, le conseil municipal n'hésita pas à acqué-
rir sur-le-champ un nouveau terrain de 38 hectares, et sur ce
terrain que la spéculation fit payer à un prix très-élevé (plus
de 1,500,000 dollars), on creusa un nouveau bassin de distribution, alimenté comme le premier par l'aqueduc du Croton, et
contenant quatre millions de mètres cubes : bien entendu que
ce volume d'eau tout entier n'est pas distribué chaque jour; on
n'en laisse écouler que la quantité jugée nécessaire aux besoins
privés ou aux services publics : le reste constitue une ré-

serve de 40 jours, destinée à parer à des événements imprévus.

L'aqueduc et les bassins ont été établis de façon à maintenir l'eau à une basse température : sur le pont de Harlem, que l'eau ne fait que traverser, les tuyaux conducteurs sont recouverts d'une couche de terre de 1ᵐ,50 : c'est pour éviter l'échauffement extérieur que le réservoir de distribution est fermé par deux murs parallèles, reliés par des arcs transversaux qui en assurent la solidité : le mur intérieur a 1ᵐ,20 d'épasseur, et le mur extérieur 1ᵐ,80.

L'aqueduc et les réservoirs de New-York ont coûté, tant pour l'éxécution des travaux que pour l'achat des terrains, la somme énorme de 15 millions de dollars ou 75 millions de francs ! On raconte que Louis XIV jeta au feu le mémoire des dépenses qu'il avait faites pour créer Versailles, ne voulant pas sans doute que la postérité pût jamais connaître le chiffre exact des millions qu'il avait engloutis dans cette folie royale : je n'imagine pas que le Common Council de New-York soit jamais tenté d'en faire autant pour le mémoire des dépenses de Croton-Water-Works, et il le gardera sans aucun doute dans ses archives comme son plus beau titre de gloire. Cet aqueduc et ces bassins gigantesques sont le plus magnifique ouvrage qui ait été entrepris dans les temps modernes pour satisfaire au premier besoin d'une grande capitale : ils justifient presque la devise de la grande République Transatlantique : *Romd excelsior*; ils n'ont d'égal en effet que les aqueducs de l'ancienne Rome, et ils restent supérieurs à ce que la France impériale a exécuté à Paris dans le même genre.

Des Eaux de Vienne.

La vieille capitale de l'Autriche va mettre à exécution un vaste projet de conduites d'eaux pour l'alimentation de ses habitants : jusqu'à ce jour la Donau (Le Danube) et les puits creusés dans les cours des maisons avaient fourni à l'approvisionnement de la ville. Le conseil municipal de Vienne, dans

le courant de l'année qui vient de s'écouler, a décidé l'exécution de travaux qui doteront Vienne d'un nouveau système
d'eaux publiques bien supérieur à l'ancien. Les eaux seront
prises à trois sources distinctes , situées dans les montagnes qui
avoisinent la ville, et fourniront un volume journalier de
1.600.000 eimer, environ 95.000 mètres cubes, sur lesquels
34.000 sont réservés aux neuf mille maisons de la ville, 14.000
à l'industrie, et le reste aux besoins de la ville. Ces eaux arri-
veront à une température inférieure à 15° centigrades, et, comme
celles de New-York, elles seront emmagasinées dans des réservoirs dont le plan d'eau est à 77^m au-dessus de l'étiage de la
Donau, de façon qu'elles s'élèveront à la hauteur des étages
supérieurs des maisons les plus élevées de Vienne. Ajoutons
que le conseil municipal de Vienne s'est décidé pour le système d'aqueducs, tantôt plongeant dans le terrain, tantôt mar-
chant à ciel ouvert, mais recouverts d'une couche de terre végétale de 3 mètres de profondeur, de manière à prévenir les
effets de l'insolation. Les travaux actuellement en cours d'exécution seront achevés dans quelques mois : on estime que le
coût de l'installation sera d'environ 16.000.000 florins, ou
34 millions de francs : la quantité d'eau fournie par habitant
sera d'environ 134 litres par jour, pour une population que le
projet évalue à 700.000 habitants, au moment où les travaux
seront achevés.

Des Eaux de Londres.

Londres est approvisionné par neuf compagnies qui desser-
vent les trente-six districts de la métropole, et ont chacun leur
périmètre d'exploitation distinct. Cinq de ces compagnies
(Thames Companies) puisent leurs eaux dans la Tamise, en
amont de Londres, et en général au-dessus du point où se
fait encore sentir la marée; les autres, dans de petits cours
d'eau tributaires de la Tamise, dans quelques sources ou puits
artésiens des environs de la capitale.

Ces compagnies fournissent à la ville de Londres un volume moyen de 2.950.000 gallons par jour, soit environ 131 lit. par hab. (1), chiffre inférieur au cube d'eau de New-York. Cette eau est presque entièrement consacrée à l'approvisionnement des 429.610 maisons de Londres, ce qui fait de cette ville la première de l'Europe et peut-être du monde pour la propreté intérieure des maisons : tous ceux qui ont visité cette grande capitale ont admiré cette combinaison à la fois ingénieuse et simple qui élève l'eau à tous les étages, et permet de la distribuer pour tous les besoins : chaque maison dispose d'environ 930 litres d'eau, c'est-à-dire presque un mètre cube par jour, quantité bien supérieure à celle qui est répartie entre les 620.000 appartements de Paris. Mais il faut ajouter que Londres n'a pas de ces eaux publiques jaillissantes et de ces fontaines monumentales qui font l'ornement de Paris, mais qui diminuent d'une quantité notable le volume d'eau destiné à l'approvisionnement des maisons : à Londres tout ou presque tout est consacré aux besoins intérieurs, à ce point que les services publics, dans une ville qui a quatre fois l'étendue de Paris, absorbent à peine 25 mille mètres cubes ; c'est le contraire de ce qui a lieu à Rome, où l'énorme masse d'eau qu'y conduisent les aqueducs est destinée à assurer le jeu des fontaines jaillissantes, mais où l'approvisionnement des maisons laisse à désirer.

Les eaux de Londres, celles du moins qui proviennent de la Tamise et de ses affluents, ont tous les désavantages que présentent les eaux courantes : leur température varie avec les saisons dans des limites assez étendues (de 1°,7 à 19°,3) ; en outre elles sont presque constamment troubles pendant l'hiver et dans les crues, et, ce qui est plus grave, elles sont contaminées par les résidus des fabriques placées en amont des

_____

(1) J'emprunte ces chiffres et les suivants à une obligeante communication de M. Farr et au *Weekly return of deaths and births of London*, numéro de février 1866.

prises d'eau des compagnies. Comme on le voit par le tableau placé à la fin de cet article, les eaux de Londres sont soumises périodiquement à des analyses chimiques, dont le résultat le moins contestable est de tenir sans cesse les compagnies en éveil sur les améliorations à introduire dans leurs procédés de filtrage et d'épuration : ces analyses déterminent les proportions de substances inorganiques et organiques contenues dans les eaux. Sans vouloir entrer ici dans le détail des procédés suivis pour ces déterminations, procédés que l'on trouvera longuement exposés à la fin de cette étude dans une note manuscrite que nous devons à l'obligeance de M. le professeur Frankland, chargé d'analyser les eaux, nous croyons devoir faire dès à présent quelques réserves sur la valeur de ces analyses ou plutôt sur la portée des conséquences qu'on en a tirées.

Les eaux que nous buvons contiennent deux sortes de substances : des substances organiques et des substances inorganiques, qui agissent diversement sur l'économie. Les premières n'ont aucune influence fâcheuse sur la santé, et l'observation montre que les eaux potables peuvent contenir, sans grand inconvénient pour ceux qui en font usage, des proportions relativement considérables de sels, témoin les eaux des sources du nord de Paris (Belleville et les Prés-Saint-Gervais) qui contiennent neuf fois plus de sels calcaires que les eaux de la Seine (1) à Paris, et qui sont l'objet d'une préférence marquée de la part de la population, préférence que justifie leur innocuité bien reconnue. L'observation clinique montre au contraire que les substances organiques contenues dans l'eau

(1) Voici le résultat de l'analyse des eaux faite sur 15 litres de chacune d'elles.

Eau de Seine (avant la Bièvre)	2 gr. 791 de résidu solide	
— au-dessous de Paris	2 gr. 921	—
Sources des Prés-Saint-Gervais	21 gr. 281	—
Sources de Belleville, prises au regard Saint-Maur	27 gr. 073	—

(Voir Recherches statist. sur la ville de Paris, tome II, tableau 9.)

agissent dans certaines circonstances d'une manière fâcheuse sur la santé. Dans les chaleurs de l'été, les eaux de Seine, emmagasinées dans les réservoirs ouverts de Paris, se peuplent de myriades d'infusoires et d'algues microscopiques; et l'usage de ces eaux n'est pas sans quelques inconvénients dans les années de sécheresse. « Dans le quartier de Sèvres, où j'ai longtemps pratiqué comme médecin du bureau de bienfaisance, dit M. Bouchut (1), professeur agrégé à l'École de médecine, la diarrhée régnait souvent d'une manière épidémique pendant l'été. Beaucoup de médecins supprimaient alors l'usage de l'eau de Seine, et envoyaient chercher celle du puits artésien de Grenelle : cela suffisait pour remettre les voies digestives en bon état. » On sait que l'eau du puits artésien ne contient pas de traces, du moins au microscope, d'organismes végétaux ou animaux, de même que l'eau des sources des Prés-Saint-Gervais et d'Arcueil. Eh bien ! de ces deux catégories de substances contenues dans l'eau, les premières seules, les substances inorganiques, peuvent être dosées exactement par les procédés de la chimie. Mais l'analyse chimique est impuissante à nous faire connaître les proportions exactes des matières organiques contenues dans les eaux, par la raison que ces substances sont profondément modifiées par la dessiccation, la carbonisation et les réactions auxquelles on les soumet : et alors même que la chimie parviendrait à établir les proportions exactes de ces principes organiques, elle serait impuissante à les distinguer suivant leur origine végétale ou animale, et à faire le départ entre les organismes vivants (algues ou infusoires) et les débris de substances organiques qui l'hiver troublent la limpidité des eaux de rivière; et cette distinction est d'une importance capitale pour l'hygiène publique. Ces débris organiques, que les eaux courantes tiennent en suspension, à la suite des crues ou des orages,

(1) Mémoire présenté à l'Acad. des Sciences séance du 17 juin 1861.

sont loin d'exercer sur la santé une influence aussi pernicieuse que ces animalcules ou ces plantes microscopiques qui se développent dans les eaux, sous l'influence d'une température élevée : qu'on jette un coup d'œil sur les analyses des eaux de Londres, on se convaincra que, pendant l'hiver, c'est-à-dire durant la saison des eaux troubles, les eaux contiennent une plus forte proportion de matières organiques que pendant l'été; cela tient à ce que, pendant les mois pluvieux de l'hiver, elles se chargent de débris de végétaux que les pluies entraînent dans leur cours, mais elles ne renferment que très-peu d'organismes vivants, lesquels n'apparaissent dans les eaux que durant les chaleurs de l'été.

On voit de quelles difficultés est entourée la détermination précise de la nature et des proportions des matières organiques contenues dans les eaux potables. Est-ce à dire qu'il faille renoncer à résoudre cette question? je ne le pense pas ; mais, eu égard à l'insuffisance de l'analyse chimique, je crois qu'il en faut demander provisoirement la solution à un autre ordre de recherches, ou que du moins les résultats de l'analyse chimique doivent être vérifiés par d'autres moyens ; le microscope pourra rendre de grands services dans cette étude. On trouvera plus loin, à propos du choléra, le résultat de recherches que nous avons entreprises sur les eaux de Paris à l'aide de cet instrument; mais, quel que soit le procédé ou l'ensemble de procédés qu'on emploie, il sera toujours bon de contrôler ces procédés par l'observation clinique, par l'observation des effets produits sur l'homme sain ou malade; car, ainsi que le fait remarquer avec beaucoup de raison M. le professeur Bouchardat, maître si compétent dans ces questions d'analyse des eaux, le corps de l'homme est un réactif d'une sensibilité merveilleuse.

TABLEAU VII.

Analyse des Eaux de Londres.

par les professeurs FRANKLAND et HOFFMAN, membres de la Société royale
de Londres.

	Matières solides dans 1 kilog. d'eau.	Matières organiques dans un 1 kilog. d'eau	Quantité d'oxygène nécessaire pour l'oxydation des matières organiques.
	gr.	gr.	gr.
Hiver......	0.329	0.0248	0.000.51
Printemps,.	0.284	0.0148	0.000.44
Été........	0.271	0.0122	0.000.35
Automne...	0.289	0.0133	0.000.77
Moyenne de l'ann. 1865.	0.294	0.0162	0.000.52

Des Eaux de Paris.

De tous ces immenses travaux que nous voyons s'exécuter
dans la capitale, le nouveau système de conduites d'eau sera
peut-être le plus durable; ce sera à coup sûr le plus utile. Cette
entreprise répondait à un besoin réel et très-senti de la population et des nombreux étrangers qui viennent visiter Paris. Le
système d'égouts de Paris (1), ce que le professeur Dumas a
fort ingénieusement appelé son système veineux, est incontestablement le plus parfait qui soit au monde; mais son système artériel était des plus défectueux. Les aqueducs de la
Dhuys, de la Somme-Soude et de la Vanne vont enfin doter
Paris d'un système afférent, digne de cette grande capitale.

(1) Si l'on excepte les égouts de l'ancienne Rome, cette seconde Rome
souterrainement navigable, comme l'appelait Pline, les égouts de Paris
constituent le plus grand travail d'assainissement qui ait été accompli
en ce genre. Au 31 décembre 1864, ils formaient un développement de
388 kilomètres; et chaque jour voit s'étendre cet immense réseau. Au
commencement de ce siècle, leur longueur n'était encore que de 20 kilomètres de conduits étroits, mal entretenus et si infects qu'en 1804, le
ministre Chaptal disait à l'Empereur : Sire, j'ai trouvé l'homme le plus
brave de votre empire; il doit visiter les égouts de la capitale.

Il n'entre pas dans notre plan de décrire les travaux d'art qui ont été exécutés pour amener les nouvelles eaux à Paris; nous ne donnerons ici que les détails qui intéressent directement l'hygiène publique.

Les aqueducs de la Dhuys et de la Somme-Soude fourniront chaque jour au moins 100.000 mètres cubes d'une eau très-pure et de température inférieure à 15°. Ce volume d'eau, ajouté aux 3.000 mètres que fournissent les sources du Nord, d'Arcueil et le puits de Grenelle, et aux 105.000 mètres cubes, contingent quotidien du canal de l'Ourcq, formeront un total de 208.000 mètres cubes, quantité suffisante pour les besoins actuels de la capitale. Les eaux des aqueducs et des sources seront réservées pour la consommation des habitants; les eaux de l'Ourcq seront consacrées aux services publics. Les nouvelles eaux arrivent à Paris dans des aqueducs couverts, qui les garantissent des effets de la température extérieure; elles sont reçues dans un réservoir situé sur les hauteurs de Belleville. Ce réservoir, dont le plan d'eau est à 55 mètres 25 c. au-dessus de l'étiage de la Seine, couvre une superficie de 328 ares, et peut contenir 100.000 mètres cubes d'eau. Il est divisé en deux bassins superposés: l'un souterrain, l'autre en élévation sur le sol, fermé par des murs épais de 1ᵐ,60, et recouvert supérieurement d'une voûte formée de deux rangs de briques posées à plat, avec une mince couche de terre végétale par-dessus, le tout formant une épaisseur de 50 cent.

L'eau qui arrive fraîche dans ces bassins s'y maintiendra-t-elle à une basse température? Il est permis d'en douter. En effet, le bassin supérieur, comme nous l'avons dit, est en élévation sur le sol; il a l'exposition sud, c'est-à-dire qu'il reçoit presque tout le jour l'action du soleil. La mince couche de terre végétale qui le recouvre est insuffisante pour garantir l'eau des effets de l'insolation. Il y a longtemps que Fourier (de l'Institut) a établi que la limite des variations diurnes de température est à 1ᵐ de profondeur sous notre climat, et l'épaisseur de la voûte isolante est à peine de 50 c. L'expérience confirme d'ailleurs cette manière de voir. Le bassin de Belleville en effet est construit sur le modèle des bassins de Passy, et à cela près de quelques cent. dans l'épaisseur de la voûte, il en est la reproduction exacte. Or, l'observation montre que ces bassins ne peuvent maintenir l'eau à l'état de fraîcheur (1). M. le Dr Bouchut, que j'ai déjà cité à propos des eaux de Londres, a visité ces réservoirs dans l'été de 1861, et voici comment il traduit l'impression qu'il a rapportée de cette visite : « Quand, après une journée de service, ce bassin est à moitié vide et qu'on y descend par l'escalier de fonte construit à cette intention (ce détail secondaire se retrouve dans le nouveau bassin de Belleville), on est presque suffoqué par la chaleur, qui est celle d'une étuve. Dans quelques circonstances, ainsi que me l'a dit M. Mary, inspecteur général des eaux, à la chaleur que j'ai constatée se joint une odeur infecte, due à la décomposition des matières végétales déposées sur les parois mises à sec par le retrait de l'eau, et soumises à une température qui hâte leur fermentation putride (2). »

L'eau s'échauffera donc dans les nouveaux bassins (outre le bassin de Belleville, un second bassin sera établi sur les hauteur de Montrouge, présentant les mêmes dispositions que le premier) ; en s'échauffant, elle favorisera le développement de ces animalcules et de ces végétations microscopiques qui souillent pendant l'été l'eau des anciens bassins (3), et l'on

---

(1) La température de l'eau des bassins de Passy était le 17 juillet 1865 de 24°,20 c'est-à-dire 0°,6 plus élevée que celle de l'air extérieur (*Bulletin de statist. municip.* n° de juillet 1865, p. 183).

(2) Mémoire sur les eaux de Paris, présenté à l'Acad. des Sciences le 17 juin 1861.

(3) Le animalcules qui se développent dans les anciens bassins de Paris ne sont pas toujours microscopiques : Quand les bassins restent plusieurs mois sans être vidés, comme c'est le cas pour celui de Vaugirard, ils se peuplent de myriades d'infusoires que l'on voit fort bien à l'œil nu, et

perdra ainsi par un vice d'aménagement le bénéfice d'une entreprise qui amène aux portes de Paris une eau dont la fraicheur ne laisse rien à désirer.

On a imité les Romains dans leurs aqueducs ; pourquoi ne les avoir pas imités dans leur manière d'emmagasiner les eaux ? Les eaux étaient réunies à Rome dans des piscines creusées dans le flanc des collines. On voit encore sur le mont Cœlius, ou plutôt à l'intérieur, les restes d'un de ces anciens réservoirs (1). Jamais il ne vint à l'esprit des Romains d'élever sur le sol des réservoirs, même en les recouvrant de voûtes ; ils les creusaient dans l'épaisseur des collines pour abriter l'eau contre les rayons du soleil qui lui eussent fait perdre sa première qualité, la fraicheur. On avait proposé de réunir les eaux de Paris dans des bassins voûtés creusés sous la colline de Montmartre et sous les Buttes Chaumont ; mais on a renoncé à ce projet, parce qu'on a paru craindre que les eaux ne missent en équilibre avec leur propre température celle des parois des bassins (2). Cette crainte n'est pas fondée : l'eau des aqueducs, arrivant à une température inférieure à 15°, se maintiendrait dans les bassins souterrains à cette température ; c'est là un fait désormais établi

que l'on prend à la cuillerée, dit M. Bouchut, comme dans un potage. Il y a quelques années on trouva dans le bassin du Panthéon un superbe poisson qui pesait 1/2 livre et qui fut servi sur la table de M. l'ingénieur en chef des eaux (Voir le mémoire de M. Bouchut.)

(1) J'en ai visité un, qui est admirablement conservé, aux environs de Naples, à Baïa : les gens du pays l'appellent encore Piscina Mirabile : il est creusé dans le tuf ponceux d'une colline : les murs sont en pierre revêtue de Pouzzolane ; la voûte de cet immense réservoir est portée par 48 pilastres soutenant de quadruples arcs : deux escaliers descendent jusqu'au radier creusé en cuvette pour recevoir le dépôt limoneux des eaux qu'on y conservait pour l'approvisionnement de la flotte romaine de Misène et des nombreuses villas qui s'élevaient dans le voisinage. Ce réservoir a 72^m de long, 25^m de large, et au moins 10^m de haut : il était alimenté par un aqueduc dont on voit encore les restes et qui avait sa prise d'eau sur le mont Pausilippe, à environ 25 kilomètres de là.

(2) Voir le Mémoire déjà cité de M. Préfet de la Seine. p. 36.

par les expériences que M. Darcy a faites à Dijon, à l'occasion de l'admirable système de conduites d'eau qu'il a établi dans cette ville. En donnant aux bassins souterrains une capacité suffisante, on aurait de plus l'avantage de posséder, comme New-York, une réserve d'eau de plusieurs jours ; et Paris ne serait plus exposé, comme nous l'avons vu en septembre et octobre 1865, à la suite d'une sécheresse prolongée qui peut se reproduire, ou d'autres accidents imprévus, à manquer d'eau pour l'arrosement des rues et les services publics (1).

Il est indispensable que le système de conduites d'eau soit complété par des bassins garantissant plus efficacement les eaux nouvelles des effets de la température extérieure. Ce serait, il est vrai, un accroissement de dépenses, mais qu'est-ce que quatre ou cinq millions à ajouter aux 28 millions que doivent coûter les travaux ? Cela ne forme même pas la moitié de la somme que le conseil municipal de New-York a dépensée pour ses *water works*. D'ailleurs, que nos édiles n'oublient pas cette parole de Colbert à Louis XIV : « Il faut épargner cinq sols aux choses non nécessaires, et jeter les millions quand il s'agit d'entreprises glorieuses ou utiles». Est-il une entreprise plus utile que celle qui a pour but d'assurer l'eau à une grande population? Il n'y en pas de plus glorieuse. Le temps, qui a fait de l'ancienne Rome un monceau de ruines, a respecté ses conduites d'eau, et l'histoire nous

(1) «En présence de cette pénurie sans exemple (la sécheresse d'octobre 1865), l'administration s'est vue obligée de supprimer l'écoulement de toutes les fontaines monumentales, et de restreindre celui de tous les orifices publics : c'est ainsi que dans le centre de Paris, les bornes-fontaines et les bouches d'eau sous les trottoirs ont été ouvertes le matin seulement : dans les quartiers hauts, l'écoulement du matin n'a même pas pu avoir lieu; enfin l'arrosement des voies publiques, qui se fait ordinairement du lever au coucher du soleil, n'a plus été fait que de midi à quatre heures ». (*Communiqué* adressé au journal *le Temps* du 5 octobre 1865). Cette pénurie d'eau, que la présence du choléra à Paris rendait à ce moment plus fâcheuse, eut-elle eu lieu, si Paris avait eu, comme New-York, une réserve d'eau de 40 jours ?

a conservé le nom de cet Appius qui construisit le premier aqueduc de la République, quatre siècles avant notre ère.

APPENDICE. — Des Eaux de Rome.

Depuis que la question des eaux publiques est à l'ordre du jour, on cite si souvent celles de Rome, que le lecteur nous pardonnera de donner sur ce sujet quelques détails succincts. Le sénateur Mallet disait récemment dans un rapport au sujet des eaux de la Dhuys : « Ainsi Paris se trouvera doté, sous le rapport des eaux, d'une organisation telle que n'en possède aucune ville du monde, et certainement comparable à celle de l'ancienne Rome. » L'honorable rapporteur ne connaît vraisemblablement pas le Croton-Water-Works de New-York, même par ouï-dire. Nous allons voir ce qu'il faut penser de son assertion en ce qui concerne l'ancienne Rome et même la Rome moderne.

On s'accorde généralement à faire honneur des aqueducs de Rome aux empereurs ; la vérité est qu'ils augmentèrent le nombre de ceux qui existaient déjà sous la République. Le plus remarquable avait été construit 442 ans avant J.-C., par le censeur Appius ; on en construisit encore deux autres sous la République, et ils débitaient ensemble 9.153 quinaires, ou 520.000 mètres cubes d'eau par jour. Les empereurs portèrent ce nombre d'aqueducs à 10, qui fournissaient de l'eau à la ville et aux innombrables villas des environs. « On s'étonne, dit l'architecte Letarouilly, de tant de magnificence, et l'on ne saurait calculer sans effroi les dépenses énormes qu'il fallut faire pour créer à ces espèces de fleuves un lit suspendu dans les airs, sur des arcades élevées souvent de plusieurs étages, en songeant aux percements qu'on dut pratiquer à de grandes profondeurs dans le rocher, et aux innombrables conduites qu'il fallut établir, pour distribuer l'eau dans la ville. » Ajoutons que les travaux furent exécutés avec une telle solidité qu'ils ont pu résister pendant des siècles aux ravages du temps. Ces aqueducs, d'après les mesures prises par Frontin (*De Aquæduct. Romæ*), intendant des eaux, fournissaient par jour 24.405 quinaires, équivalant à 1.468.000 mètres cubes d'eau, presque le quart du volume d'eau que débite la Seine en vingt-quatre heures, quand son niveau marque zéro au nilomètre du Pont-Royal. Cela faisait environ 1.492 litres par habitant (1). Il faut ajouter, il est vrai, qu'une bonne portion de ces eaux se rendait aux jardins et aux habitations des riches Romains, et en outre dans les villas de la cam-

(1) Quelle était la population de Rome sous l'empire ? Question controversée, et qui, en l'absence de documents authentiques (les statistiques officielles de l'empire sont perdues), ne peut être résolue qu'approximativement : quelques historiens la portent à 3 millions, d'autres la réduisent à 500.000 ; la vérité est entre ces deux chiffres. On peut, je crois, arriver à une évaluation assez approchée, à l'aide d'un élément de consommation générale. Spartien, un des écrivains de l'histoire Auguste, nous apprend que chaque jour les empereurs faisaient distribuer au peuple (et tout le peuple mendiait) 75.000 *modii* de blé. On exceptait de cette distribution les riches romains, dont on évalue le nombre à 30.000 et les enfants au-dessous de onze ans, lesquels, en appliquant à Rome la loi de distribution de la population que nous avons donnée pour Paris, (tableau II) formaient 0,13 de la masse des habitants. Si l'on tient compte de ce fait, que les procédés de mouture étaient moins perfectionnés chez les anciens que chez nous, et qu'on élève de 20 à 30 p. 100 la perte due au blutage, on trouve que ces 75.000 modii de blé représentaient environ 400.785 kilogrammes de pain ; et, en admettant pour la consommation journalière en pain chez les Romains, la ration moyenne de 474 gr. que consomme par jour le Parisien, on est conduit à un chiffre de population de 845.000 ; en y ajoutant les enfants au-dessous de onze ans, soit 139.000 et 30.000 riches, on a une population totale de 984.000 habitants pour Rome, au IIIe siècle de notre ère. Pour qui a visité Rome, il est difficile de comprendre que cette ville ait pu contenir une population plus nombreuse dans son enceinte actuelle, qui est celle d'Aurélien : elle présente un développement 15 1/2 milles romains, équivalant à 24.600 mètres : c'est, à 500 mètres près, la longueur de l'ancien mur d'octroi de Paris, qui contenait en 1856 une population de 1.174.346 habitants, plus dense assurément que celle de l'ancienne Rome avec ses immenses jardins.

pagne. C'est là un point sur lequel nous appelons l'attention de l'Administration, et en particulier du Magistrat chargé de veiller aux intérêts de Paris et du département de la Seine. Les communes qui avoisinent la capitale et les innombrables maisons de campagne répandues aux alentours sont, sous le rapport des eaux, plus deshéritées encore que la capitale; or, c'est là une privation que ressent la population tout entière de Paris, qui le dimanche déserte la ville pour aller à la campagne. Il est à désirer que l'administration française suive l'exemple de l'administration romaine, et qu'elle étende aux communes suburbaines le bienfait dont jouiront bientôt les habitants de la capitale.

Un décret des empereurs romains avait réglé la quantité d'eau qu'il était permis de prélever pour les jardins ou pour les bains particuliers, et on calcule que ce qui en restait pour les usages privés s'élevait au moins à 1 mètre cube par tête, chiffre énorme si on le compare au cube d'eau des capitales modernes, et qui justifie bien ce que disait Frontin, en parlant de cette profusion d'eau, que « Rome est la ville dont rien n'approche, à qui rien ne peut être égalé. »

La Rome des papes a bénéficié des travaux des empereurs. Trois des anciens aqueducs alimentent encore la ville; ils débitent par jour 180.000 mètres cubes d'une d'eau pure, limpide et fraîche. La population fixe de Rome était de 177.461 habitants en 1855; on peut donc fixer son cube d'eau à 1.040 litres par habitant. On voit que la Rome des papes est encore, et pour longtemps, la ville du monde la plus favorisée sous le rapport des eaux.

Croit-on qu'une pareille profusion d'eau, et d'eau excellente, ne serve qu'à l'ornement de la ville ? Je crois que Rome lui doit aussi en grande partie sa salubrité, qui est vraiment surprenante pour une ville aussi mal tenue. Lancisi (1),

---

(1) Lancisi — *De cœli romani qualitatibus.*

qui pratiquait la médecine à Rome au siècle dernier, n'hésite pas à attribuer à la bonne qualité de ses eaux la longévité de ses habitants. Sans nous prononcer sur la valeur de cette explication fort contestable, il est impossible de n'être pas frappé de ce fait, que les historiens ne mentionnent pas un seul exemple de peste à Rome, et qu'au moyen âge et dans les temps modernes, elle a constamment échappé aux atteintes de la peste et du choléra, qui ont sévi à plusieus reprises en Italie. La science n'a que faire de l'explication surnaturelle qu'on a donnée de cette immunité d'une ville toujours épargnée dans un pays et au milieu de villes décimées par les épidémies ; et la seule explication qu'elle puisse accepter, bien qu'elle n'en puisse donner la justification peremptoire, elle la trouve dans la qualité exceptionnelle des eaux publiques de Rome.

TABLEAU VIII.

Tableau résumé de la distribution des Eaux publiques.

	PARIS.		LONDRES	VIENNE,	NEW-YORK	ROME ancienne.	ROME moderne.
	Ancien système.	Nouv. système.					
Mèt. cub. en 24 h	151.744 (1865)	208.000	402.190	95.000	160.000	1.468.000	180.000
Températ.	0°.4 (4 janv.) 24°.2 (17 juill.)	< 15° à la source température inconn. au réserv	Températ. variable.	< 15°	< 15°	< 15°	< 15°
Litres par habitants.	81	109	132	134	159	1.492	1.040
Mèt. cub. par hectare	19,3	26,6	12,7	16,9	Superficie inconnue	427,(1)	157

(1) Nous avons dit plus haut (note précédente) que l'enceinte de Rome présentait à très peu près le développement de l'ancien mur d'octroi de Paris, lequel circonscrit une surface de 3.438 hectares : nous prenons cette étendue superficielle pour celle de Rome ancienne. La ville moderne n'occupe qu'environ 1/3 de l'étendue de la ville ancienne.

Nous donnons dans ce tableau la quantité d'eau fournie par habitant et par hectare : quand on veut se faire une idée exacte du cube d'eau d'une ville, il ne suffit pas, comme on le fait, de dire que l'habitant reçoit tant de litres par jour, car les eaux d'une ville ne sont pas toutes destinées aux besoins particuliers; il faut aussi savoir ce qui est réservé aux services publics, et, dès lors, il faut tenir compte de l'étendue superficielle de cette ville. Le tableau ci-dessus montre qu'à tous les points de vue Rome est aujourd'hui, comme elle l'était autrefois, la ville la mieux partagée pour les eaux publiques. Nous ignorons quelle est l'étendue de New-York, qui tient le second rang pour le volume d'eau distribué à ses habitants. Comme à Rome, par suite de l'incurie de l'administration, les eaux s'échappent en pure perte des fontaines sans être utilisées, on peut dire que Paris est la première ville du monde pour le volume d'eau consacré aux services publics.

III

MORTALITÉ GÉNÉRALE.

TABLEAU IX.

	PARIS.	LONDRES.	VIENNE.	NEW-YORK (1864)
Mortalité totale......	51.285	73.460	17.982	25.645
Nombre de décès sur 10.000 vivants.....	27,5	24,4	31,7	25,0
ou 1 décès sur.........	36,3 vivants.	41,2	31,4	40,0

On voit qu'il est mort, en 1865, 1 individu sur 36,3 à Paris, 1 sur 41,2 à Londres, 1 sur 31,4 à Vienne, 1 sur 40 à New-York en 1864. Il est bon d'ajouter que ces proportions sont établies sur une évaluation approximative de la population de chacune des quatre villes. Londres serait ainsi la ville où la mortalité relative aurait été la moins élevée : une chose a contribué à augmenter cette année la proportion relative des décès à Paris, nous voulons parler du choléra, qui a fait 6.591 victimes : si l'on déduit du chiffre total des décès à Paris le chiffre des décès par choléra, on trouve 44.694 décès, soit 1 décès sur 41,6 habitants. On voit que la mortalité relative est beaucoup plus grande à Vienne que dans les trois autres capitales. A New-York, elle est seulement de 1 décès sur 40 habitants, ou 25 p. 1000 : il y a quinze ans seulement, la mortalité relative dans cette ville était normalement de 40 p. 1000, c'est-à-dire qu'elle était presque le double de ce qu'elle est aujourd'hui.

TABLEAU X.　　　　　**Mortalité par Mois.**

(On a ramené les mois à une durée uniforme de trente jours).

	PARIS.	LONDRES.	VIENNE.	NEW-YORK.
Janvier............	4.039	7.130	1.490	2.316
Février...........	3.802	6.981	1.551	2.079
Mars	3.989	6.817	1.818	1.965
Avril............	4.081	6.483	1.857	2.056
Mai	3.506	5.163	1.872	1.980
Juin.............	3.172	5.565	1.640	2.027
Juillet...........	3.550	6.222	1.501	2.469
Août............	3.240	5.265	1.264	2.852
Septembre.......	3.512	5.076	1.158	2.272
Octobre	3.951	5.460	1.185	1.692
Novembre	4.899	6.279	1.173	1.808
Décembre........	4.056	6.372	1.269	1.695

Ce tableau montre que la mortalité varie suivant les mois dans chacune des capitales et dans des limites assez étendues; mais il n'est pas possible de déduire de là une loi générale des variations de la mortalité en chaque lieu; il faudrait pour cela disposer de tables mortuaires comprenant un grand nombre d'années. C'est, en effet, à la condition de multiplier suffisamment les observations qu'on peut arriver à éliminer ce qu'elles ont d'accidentel et de fortuit; le résultat moyen qu'on déduit de ces observations ne renfermant plus rien de contingent, représente l'effet de causes constantes. Nous pouvons en donner un exemple pour la mortalité à Paris : il existe pour cette ville des tables de mortalités qui remontent jusqu'à l'an 1670, avec une lacune de vingt-sept ans (1682-1709). Eh bien! quand on considère la mortalité survenue de mois en mois pendant cent ans et qu'on range les mois selon l'ordre décroissant de la mortalité, on arrive à former le tableau suivant :

TABLEAU X bis.

Mois.	Avril.	Mars.	Février.	Mai.	Janvier.	Décembre.	Juin.	Septembre.	Octobre.	Novembre.	Août.	Juillet.
Décès	163	158	153	148	146	130	129	126	123	123	119	114

Ce tableau montre que la mortalité à Paris est maximum au mois d'avril et minimum en juillet. Le tableau de la mortalité pour Paris en 1865 met bien en évidence l'influence des causes accidentelles qui ont transporté cette année le maximum de la mortalité en octobre; cette cause accidentelle, c'est le choléra.

La découverte de la loi des variations de la mortalité suivant les mois est due à Villot, ancien directeur de la statistique à l'Hôtel-de-Ville de Paris; c'est par erreur que M. Béclard, dans l'éloge de Villermé, prononcé l'année dernière à l'Académie de médecine, en a fait honneur à ce médecin.

Il serait intéressant de rechercher la cause de ce fait : elle tient sans doute à des influences météorologiques qui se reproduisent avec le retour des saisons. Le mois d'avril, dans nos climats du moins, est marqué par les variations les plus brusques de la température; nous entendons les variations horaires, c'est-à-dire les écarts de température d'une heure à l'autre du jour, et non les variations diurnes ou hebdomadaires. Or, ces variations brusques de température réagissent d'une manière fâcheuse sur certaines catégories de malades, comme les enfants et les vieillards, et ont une influence évidente sur la terminaison fatale de certaines maladies, comme les affections chroniques de la poitrine : pour la phthisie, par exemple, on trouve que le chiffre des décès est maximum en avril. Ce n'est pas là un fait accidentel : quand on considère la mortalité par phthisie pendant un grand nombre d'années à Paris, on voit que c'est pendant le mois d'avril qu'il meurt le plus de phthisiques, contrairement à l'opinion qui règne dans le monde.

Le tableau X montre que le maximum de la mortalité correspond pour Vienne au mois de mai : en faisant le relevé de la mortalité pour les années 1863 et 1864 (ce sont les seules statistiques que je possède) on arrive encore au même résultat. A Londres, la mortalité a été maximum en janvier, et à New-York au mois d'août.

***

Mortalité par mois et âges.

Nous donnerons ici le tableau de la mortalité par mois et par âges, à Paris et à New-York : le bulletin de Londres donne la mortalité par âges, mais par périodes trop étendues, et le tableau synoptique de la mortalité à Vienne ne donne aucun détail sur la mortalité aux différents âges.

TABLEAU XI.

Mortalité par mois et par âges à Paris (1865).

	0-5 ans			5-15 ans			15-25 ans			25-40 ans			40-60 ans			60 et au-dessus			TOTAL GÉNÉRAL des décès par mois.
	masc.	fém.	TOTAL	masc.	fém.	TOTAL	masc.	fém.	TOTAL	masc.	fém.	TOTAL	masc.	fém.	TOTAL	masc.	fém.	TOTAL	
Janvier	657	593	1.250	57	68	125	148	166	314	293	345	608	422	328	750	482	644	1.126	4.173
Février	614	545	1.159	60	52	112	147	164	311	242	296	538	369	279	648	356	426	782	3.550
Mars	653	600	1.253	72	78	150	146	191	337	301	300	601	440	335	775	453	553	1.006	4.122
Avril	617	631	1.248	80	75	155	189	168	357	307	324	631	490	285	775	438	477	915	4.081
Mai	589	595	1.184	77	91	168	127	147	274	300	312	612	400	288	688	359	337	696	3.622
Juin	552	537	1.089	65	64	129	135	140	275	241	246	487	352	231	583	301	308	609	3.172
Juillet	763	633	1.396	56	78	134	137	152	289	247	277	524	384	259	643	320	362	682	3.668
Août	668	635	1.303	52	49	101	141	139	280	262	227	489	357	239	596	261	312	573	3.342
Septembre	725	649	1.374	51	65	116	148	141	289	281	289	570	359	251	610	280	273	553	3.512
Octobre	1.205	1.431	2.336	196	192	388	512	456	968	998	908	1.906	1.081	807	1.888	669	796	1.463	8.951
Novembre	712	688	1.400	102	85	187	233	203	436	429	498	927	576	427	1.003	412	534	946	4.899
Décembre	672	573	1.245	78	64	142	172	201	373	379	308	687	455	340	795	435	516	951	4.193
TOTAL	8.427	7.810	16.237	946	961	1.907	2.235	2.268	4.503	4.280	4.300	8.580	5.685	4.069	9.754	4.766	5.538	10.304	31.285

Tableau XII.

Mortalité par âges à New-York (1864).

Ages.	Décès.
0- 1 an	6.058
1- 2	3.261
2- 3	1.484
3- 4	997
4- 5	627
5- 10	1.081
10- 15	377
15- 20	677
20- 25	1.297
25- 30	1.312
30- 40	2.610
40- 50	2.138
50- 60	1.405
60- 70	1.188
70- 80	653
80- 90	273
90-100	57
100 et au-dessus.	12
Age non déterminé.	198
Total.............	25.645

Les deux tableaux ci-dessus donnent les chiffres de la mortalité absolue pour chaque âge à Paris et à New-York ; mais, pour apprécier la mortalité de chaque âge, il faut, comme nous l'avons dit dans le chapitre Ier, rapporter la mortalité de chaque âge au nombre des vivants de cet âge : c'est ce que nous avons fait dans le tableau suivant : toutefois, au lieu de rechercher la mortalité relative par âge à Paris en 1865, nous avons considéré une période de 5 ans (1860-1864) pour nous affranchir des causes de variations accidentelles : nous donnons aussi comme élément de comparaison la table de mortalité relative à la France (1855 à 1863) ; enfin nous divisons les âges en périodes plus rapprochées, afin qu'on puisse mieux juger des variations de la mortalité.

———

TABLEAU XIII.

Mortalité relative suivant les âges.

	0-1 an	1-5	5-10	10-20	20-30	30-40	40-50	50-60	60-70	70-80	80-90	90-100
PARIS (1860-1864).												
Mortalité à 100,000 indiv.	483	359	66	111	252.3	231.3	221	223	250.6	194	74.6	7.4
Rapport de la mortal.	4.4	0.67	0.104	0.0756	0.1158	0.1157	0.155	0.25	0.46	0.996	1.96	2.8
au nombre des vivants ou	58	8.8	1.37	1	1.531	1.530	2.0	3.3	6	13	26	37
NEW-YORK (1864).												
Mortalité à 100,000 indiv	591	620.3	105.4	102.8	248.7	254.6	208.5	137	125.6	63.7	26.6	5.5
Rapport de la mortal.	1.68	0.59	0.11	0.55	0.10	0.15	0.23	0.31	0.63	1.02	1.77	2.7
au nombre des vivants ou	30	11	2	1	1.8	2.8	4.2	5.7	11.4	18.5	33	50
FRANCE (1855-1863)												
Mortalité à 100,000 indiv.	466	276.7	77.5	110.2	154.4	131.6	146.4	172.4	289.8	304.8	136.3	12.9
Rapport de la mortal.	1.9	0.32	0.079	0.059	0.094	0.095	0.127	0.176	0.527	0.996	2.35	2.58
au nombre des vivants ou	32	5.4	1.34	1	1.59	1.61	2.15	3.0	8.9	16.8	40	43.8

On remarquera que dans ce tableau le rapport de la mortalité au nombre des vivants est exprimé par deux nombres : ainsi, à Paris, ce rapport est exprimé par les nombres 4,4 — 0,67 — 0,104 — 0,0756, etc., ou par les nombres 58 — 8,8 — 1,37 — 1, etc. Les nombres de cette seconde série sont proportionnels à ceux de la première, et ils ont l'avantage de mieux faire ressortir les variations de la mortalité d'un âge à l'autre : on les obtient en divisant tous ceux de la première série par un même diviseur. Ce diviseur est, pour Paris, 0,0756. Quant aux nombres de la première série, 4,4 — 0,67, etc., on les obtient en divisant chacun des nombres de la colonne *mortalité sur* 100.000 par le nombre des vivants à chaque âge, tel qu'il est fourni par le tableau II.

On voit que c'est de 10 à 20 ans que la mortalité relative

est la plus faible; elle est représentée par 1, et à tout autre âge de la vie par un nombre fractionnaire plus grand que l'unité : de la naissance à 1 an elle est 58 fois plus grande, et de 90 à 100, 37 fois plus.

A New-York, c'est encore de 10 à 20 ans que la mortalité relative est la plus faible : de 0 à 1 an elle est 32 fois plus grande que de 10 à 20, et de 90 à 100 elle est 50 fois plus grande.

Enfin, dans la France entière, la mortalité relative est minimum de 10 à 20, et maximum de 0 à 1 an et de 90 à 100 ans.

En somme, on voit qu'à Paris, comme dans toute la France, comme à New-York, la mortalité relative est minimum pour la période de la vie comprise de 10 à 20 ans, et qu'elle est maximum dans la première enfance et dans l'extrême vieillesse. Mais il est impossible de n'être pas frappé du chiffre élevé de la mortalité des enfants de 0 à 1 an pour la ville de Paris : ce chiffre est presque deux fois aussi élevé qu'à New-York et dans le reste de la France. Cela tient sans doute aux mauvaises conditions dans lesquelles se fait l'allaitement à Paris; on sait, en effet, que peu de mères nourrissent leurs enfants et qu'en outre beaucoup d'enfants sont allaités au biberon, procédé artificiel qui est justement condamné par tous les médecins. Il est bon de remarquer que les chiffres que nous donnons sur ce tableau n'embrassent que les décès d'enfants qui succombent à Paris; nous ignorons si la mortalité est aussi grande parmi les enfants qu'on envoie en nourrice de Paris en province.

On voit encore qu'à Paris la période de la vie que présente la mortalité la moins considérable après celle de 10 à 20 ans, c'est la période de 5 à 10 ans, comme aussi dans le reste de la France, tandis qu'à New-York la période de 20 à 30 ans vient immédiatement après celle de 10 à 20 ans. — Le tableau met d'ailleurs en évidence ces variations pour les différents âges.

Longévité. — En faisant le relevé des individus morts à l'âge de 100 ans ou au-dessus, on trouve qu'à Londres il est mort, en 1865, sept personnes centenaires, appartenant toutes au sexe féminin : la plus âgée de ces femmes avait 104 ans. A New-York, le nombre des centenaires décédés en 1864 est de 12, dont 11 femmes et 1 homme : ce dernier avait atteint l'âge de 109 ans 1 mois et 8 jours. A Paris (1864), on constate la mort de 2 femmes centenaires. Ainsi, à Londres, comme à Paris, comme à New-York, la longévité semble être un attribut presque exclusif de la femme. Il y a pour New-York cette circonstance remarquable que, sur les 12 centenaires, 7 étaient des personnes de couleur, résultat bien fait pour étonner, si l'on songe que la population de couleur à New-York ne représente que 3 ou 4 centièmes de la population totale; elle était de 22.647 en 1855 pour une population de 629.904 habitants; elle n'a pas diminué depuis; elle a augmenté au contraire depuis les récents événements qui ont amené l'affranchissement de cette race, et cependant la mortalité des nègres à New-York n'a été que de 527 individus, ce qui même, en prenant pour base d'évaluation le chiffre de 22.647, évidemment trop faible, donne 1 décès sur 43 nègres, tandis que pour la population en bloc la mortalité est de 1 sur 40 vivants. Ces résultats réfutent cette théorie couramment admise, qu'une race qui est transplantée hors de son climat est décimée par la maladie et soumise à des chances de mort plus multipliées que la race qui vit sous son climat propre. La conséquence qui en ressort pour la race nègre, c'est qu'elle vit sous le ciel de New-York dans d'aussi bonnes conditions que la race indigène, contrairement à l'opinion de ceux qui, soutenant qu'elle ne pouvait s'acclimater aux États-Unis, proposaient de la rapatrier sur la côte d'Afrique.

Mortalité à domicile et dans les hôpitaux.

Nous allons examiner actuellement quelles sont les proportions de la mortalité à domicile et hors domicile. Paris compte huit hôpitaux généraux, sept hôpitaux spéciaux, cinq hospices pour la vieillesse ou les maladies chroniques et incurables, trois hôpitaux militaires, un hôpital municipal, où l'on n'est admis qu'en payant, trois fondations hospitalières privées, enfin neuf prisons. Nous ignorons comment la mortalité se répartit entre ces divers établissements : l'administration des hôpitaux de Paris ne nous fournit à cet égard aucun détail (je parle de l'année 1865). Nous publierons les résultats généraux de la mortalité à domicile et hors domicile à Paris, tels qu'ils sont consignés dans le *Bulletin de statistique municipale*.

Mortalité à domicile et hors domicile, à Paris (1865).

	Décès à domicile.	Décès aux hôpitaux et hospices.	Décès aux prisons.	Corps déposés à la morgue.	TOTAL.
Janvier........	3.080	1.077	5	11	4.173
Février.......	2.559	970	11	10	3.550
Mars.........	2.996	1.100	14	12	4.122
Avril	2.994	1.036	12	39	4.081
Mai..........	2.605	973	16	28	3.622
Juin	2.296	838	10	28	3.172
Juillet	2.809	831	6	22	3.668
Août.........	2.496	818	6	22	3.342
Septembre....	2.594	884	10	24	3.512
Octobre	6.495	2.427	9	20	8.951
Novembre	3.549	1.312	16	22	4.899
Décembre.....	2.955	1.216	9	13	4.193
TOTAL.......	37.428	13.482	124	251	51.285

Mortalité à domicile et hors domicile, à Londres (1865).

	Masc.	Fém.	Total.
Décès à domicile...			61.344
46 workhouses.....................	3.326	3.389	6.715
4 asiles militaires.................	278	—	278
15 hôpitaux généraux................	2.138	1.216	3.354
7 hôpitaux spéciaux................	533	469	1.002
4 maternités (enfants et femmes)....	20	48	68
7 hôpitaux militaires et de la marine.	176	—	176
3 hôpitaux pour les étrangers........	49	22	71
19 asiles d'aliénés.....................	206	147	353
12 prisons.............................	76	23	99
	6.802	5.314	73.460

Mortalité à domicile et hors domicile, à New-York (1864).

27 hôpitaux, asiles et workhouses.....	3.655
2 maisons d'aliénés...................	99
Prisons de la Ville..................	20
Décès à domicile....................	21.871
TOTAL.....,	25.645

Le chiffre de 3.774 décès dans les établissements publics se décompose en 1.565 décès de natifs des États-Unis et 2.209 étrangers.

Mortalité à domicile et dans les hôpitaux de Vienne (1865).

Mortalité à domicile......	12.169
— aux hôpitaux....	5.813

TABLEAU XIV.

Tableau résumé de la mortalité à domicile et aux hôpitaux.

	à domic.	aux hôpit.	mortal. totale.
Paris...............	37.428	13.482	51.285
Londres...........	61.344	12.116	73.460
New-York.........	21.871	3.774	25.645
Vienne...........	12.169	5.813	17.982

En résumé,	à New-York....	1 personne sur	6.8
il meurt à l'hôpital.	à Londres.......	1 —	6
	à Paris.........	1 —	3.7
	à Vienne........	1 —	3.1

Il est impossible de n'être pas frappé de la différence qui
existe sur ce point entre New-York et Londres d'une part,
et Paris et Vienne de l'autre. Quelle peut être la cause de cette
mortalité à l'hôpital relativement peu considérable dans les
deux premières villes, et si élevée dans les deux autres?
On a dit qu'à Londres les hôpitaux sont soutenus par des
souscriptions particulières, ce qui rend les conditions de l'ad-
mission plus difficiles qu'à Paris et à Vienne, où les hôpitaux
dépendent d'une administration publique, et sont ouverts à
tous les malades : mais cette explication est insuffisante; car
s'il faut, comme on l'a dit, des protections pour aller mourir
à l'hôpital, à Londres, il n'en faut pas pour entrer au Workhouse ; disons même que quelques-uns de ces établissements,
comme celui du district de Marylebone, ont un service de
médecins inspecteurs qui vont à domicile pour s'enquérir de
la position des malades et faire transporter au Workhouse
ceux qui n'ont pas les moyens d'être soignés chez eux. Il
faut donc chercher ailleurs l'explication de ce fait. La raison
de cette différence c'est, je crois, qu'à Londres (1) (et la

(1) Il y a Londres 429,610 maisons. (Voir tableau I.)

chose est vraie pour New-York, quoique à un moindre degré)
il y a pour presque chaque famille une habitation séparée
qui lui appartient en général, et qui n'est habitée que par
elle. L'Anglais y naît, y grandit et y meurt ; telle est la puis-
sance du foyer domestique, du *home*, comme nos voisins
l'appellent, que ni la misère, ni la certitude d'être mieux
soigné à l'hôpital que chez lui, ne peuvent décider le malade pauvre à quitter avant sa mort le cottage où il est
né. A Paris que voyons-nous ? à part les 30.000 proprié-
taires des 60.000 maisons de la capitale, le reste vit presque au jour le jour, sous un toit qui n'est pas le sien ; aussi
à la première maladie sérieuse, l'ouvrier, chez qui les at-
taches du foyer sont moins puissantes que chez l'Anglais, se
fait transporter à l'hôpital. Déjà au siècle dernier, l'auteur du
Tableau de Paris (1), Mercier, avait remarqué cette insou-
ciance des classes pauvres de la capitale, à l'endroit du séjour à l'hôpital. « J'irai mourir à l'hôpital, s'écrie le pauvre
Parisien ; mon père y est mort : j'y mourrai aussi. Et le voilà à
moitié consolé. » Je ferai observer que Vienne est encore plus
que Paris une ville de *locataires*. Le tableau I montre en
effet que cette ville ne possédait en 1856 que 8.793 maisons. Aussi le nombre des décès à l'hôpital y est-il relativement plus élevé qu'à Paris.

Là se termine ce que nous avions à dire de la mortalité générale comparative dans les quatre capitales. Toutefois, avant
de passer à l'examen de la mortalité par causes de décès,
nous croyons devoir entrer dans quelques détails sur la
mortalité à Paris.

(1) Mercier, Tableau de Paris, tome III, l'Hôtel-Dieu.

TABLEAU XV.

Mortalité à domicile et par arrondissements, à Paris (1865).

ARRONDISSEMENT.	Superficie en hectares.	Population en 1861.	habitants par hectare.	Hauteur moyenne au-dessus de l'étiage de la Seine. (mèt.) (a)	Nombre des maisons.	Impôt foncier moyen par maison. (fr.)	Nombre des appartements imposés ou non imposés.	Contribution mobil. moyenne par appartement. (fr.)	POPULATION INDIGENTE Nombre de ménages secourus.	POPULATION INDIGENTE Nombre de personnes secourues.	Proportion des indigents sur 100 habitants.	Mortalité à domicile.	Mortalité relative à domicile sur 1.000 habitants.
1er Louvre	490	89.519	471	10	2.616	550	27.311	26.70	1.378	2.903	3.2	1.354	45
2e Bourse	97.5	81.609	841	11	2.335	807	24.857	28.00	886	1.686	2.0	1.075	13
3e Temple	116	99.116	854	16	2.455	453	32.423	10.95	1.580	3.181	3.2	1.599	15.9
4e Hôtel-de-Ville	156.5	108.520	695	11	2.610	337	34.498	9.40	2.894	6.412	5.6	1.875	17
5e Panthéon	249	107.754	432	22	3.247	177	33.919	5.35	4.298	10.073	9.3	2.387	22
6e Luxembourg	211	95.931	454	20	2.800	345	33.782	15.25	1.953	3.994	4.1	1.612	16.8
7e Palais Bourbon	403	72.965	181	12	2.223	374	24.174	30.20	1.818	3.588	4.9	1.345	18
8e Elysée	381	69.814	183	26	2.361	586	18.612	80.90	943	2.075	2.9	948	13.5
9e Opéra	213	107.326	506	27	3.154	664	35.304	46.20	1.250	2.315	2.1	1.458	10.3
10e Saint-Laurent	286	113.571	396	23	3.408	409	44.182	13.50	2.584	6.439	5.4	2.258	19.8
11e Saint-Antoine	361	125.718	348	17	4.127	209	45.776	4.75	3.434	9.454	7.2	3.451	27.4
12e Reuilly	568	65.748	115	13	3.249	129	24.978	2.80	1.690	4.402	6.6	2.025	30.8
13e Gobelins	625	56.798	91	20	3.394	69	21.072	1.40	2.785	7.952	13.9	1.688	29.7
14e Observatoire	464	52.594	113	33	3.915	65	22.510	2.56	1.242	3.317	6.3	1.588	30.2
15e Vaugirard	721	56.041	80	10	4.347	63	22.500	2.25	1.384	3.862	6.8	1.541	27.3
16e Passy	709	36.728	51	13	3.247	418	12.156	26.20	732	4.943	5.2	854	23
17e Batignolles	445	65.228	169	26	3.694	126	28.906	6.85	1.055	2.961	3.9	2.319	30.8
18e Montmartre	519	106.356	204	42	3.024	97	44.286	2.72	1.598	4.243	4.0	3.496	32.8
19e Saint-Chaumont	566	76.443	135	24	3.562	82	29.179	1.90	1.430	5.138	6.7	2.433	31.8
20e Ménilmontant	521	70.060	134	57	4.574	57	29.941	1.30	1.739	5.279	7.5	2.102	30

(a) L'étiage ou zéro conventionnel des hauteurs de la Seine est de 25ᵐ.

J'ai groupé dans ce tableau les éléments divers qui exercent une influence sur la mortalité, comme la densité de la population, l'altitude moyenne des arrondissements, la richesse relative des quartiers, évaluée à l'aide de l'impôt foncier des maisons, de la contribution personnelle mobilière par appartement et du nombre des indigents secourus dans chaque arrondissement.

De ces divers éléments, densité de la population, altitude des quartiers, richesse des arrondissements, celui qui a l'influence la plus marquée sur la mortalité, c'est incontestablement la richesse ; son influence est si grande, disait Villermé il y a plus de trente ans, que si on n'écarte pas cet élément, il masque l'effet de toutes les autres causes étudiées. Nous voyons que, dans l'arrondissement de l'Opéra, qui est un des plus riches de Paris, la mortalité à domicile est seulement de 10.3 pour 1.000, tandis que dans le 18ᵉ arrondissement (Montmartre), elle est de 32.8 pour 1.000, c'est-à-dire plus de trois fois plus forte. Encore faut-il ajouter que nous ne tenons compte que de la mortalité à domicile ; mais, si l'on songe que ce sont les arrondissements pauvres qui envoient le plus de malades aux hôpitaux (1), on comprendra sans peine qu'en reportant à chaque arrondissement les décès qu'il fournit aux hôpitaux, la différence de mortalité relative entre les quartiers riches et les quartiers pauvres sera encore plus tranchée.

au-dessus du niveau de la mer. Pour fixer l'altitude moyenne des arrondissements de Paris, j'ai consulté la carte de France dressée par les officiers de l'état-major ; mais, comme elle ne donne que les côtes des points culminants de la capitale, j'ai dû mettre également à contribution un travail de l'Ingénieur en chef Girard, sur l'altitude des anciens quartiers de Paris, et surtout la carte de Paris, dressée par l'Ingénieur en chef des ponts et chaussées, par ordre de M. Haussmann, Préfet de la Seine : cette belle carte a sur les autres l'avantage de donner des courbes de niveau qui permettent de fixer l'altitude moyenne des quartiers plus exactement qu'avec une série de points cotés isolés.

(1) De 1847 à 1851, l'ancien 12ᵉ arrondissement, l'un des plus pauvres de Paris, comptait 1 mort à l'hôpital sur 2.5 à domicile, tandis que le 2ᵉ arrondissement en avait seulement 1 sur 4.9.

TABLEAU XVI.

Mortalité comparée aux naissances.

ARRONDISS.	1er	2e	3e	4e	5e	6e	7e	8e	9e	10e	11e	12e	13e	14e	15e	16e	17e	18e	19e	20e
Décès à domicile.	1.354	1.075	1.599	1.875	2.387	1.612	1.345	948	1.458	2.258	3.454	2.025	1.688	1.588	1.544	854	2.349	3.496	2.433	2.402
Naissances.	2.006	2.067	2.457	3.616	3.267	3.403	1.557	1.479	2.056	4.911	4.794	2.774	2.079	3.038	2.223	967	2.690	3.840	3.144	2.781
Naissances sur 100 habitants.	22.3	25.3	24.5	33.3	30.3	35.4	24.3	21.2	19.1	43.2	38.1	40.9	36.6	57.7	39.8	26.3	35.7	36.1	41.1	39.7

Nous avons vu que la mortalité relative à domicile est beaucoup plus élevée dans les quartiers pauvres que dans les quartiers riches. Ce tableau montre qu'au contraire la proportion des naissances est plus grande dans les quartiers pauvres que dans les quartiers riches. Il est vrai que les chiffres des naissances inscrits dans ce tableau comprennent les naissances à domicile et à l'hôpital, mais ces dernières forment à peine un septième de celles qui ont lieu à domicile. D'ailleurs, en comparant les arrondissements pauvres sans hôpitaux, tels que les 17e, 18e, 19e et 20e, aux quartiers riches aussi sans hôpitaux, comme les 1er, 2e, 3e et 9e, on voit que ces derniers fournissent presque deux fois moins de naissances à domicile que les premiers.

Mortalité suivant le lieu d'origine des décédés.

Relativement au lieu d'origine des décédés, la mortalité à Paris se répartit comme il suit :

Individus nés à Paris..... 22.926 ou 44,7 p. 100 du nombre des décès.
hors Paris.. 28.359 ou 55,3 p. 100   —

Or, la population de la capitale (voir tableau 4) se compose d'individus nés à Paris dans la proportion de 38 pour 100, et d'individus nés hors Paris dans la proportion 62 pour 100. Il semblerait donc résulter de là que la mortalité serait relativement plus élevée parmi les individus nés à Paris que parmi ceux qui viennent s'y établir : c'est ce qui explique pourquoi la vie moyenne à Paris est plus courte que dans le reste de la France. (Voir plus bas le tableau de la vie moyenne.)

TABLEAU XVII.

Variations de la mortalité à Paris avec le temps.

Périodes.	Sommes des décès.	Moyenne annuelle des décès.	Somme des naissances.	Moyenne annuelle des naissances.	Excédant des naissances sur les décès.	Excédant des décès sur les naissances.	Population évaluée ou recensée	Mortalité relative.
1670-1685	255.949	19.688	233.860	17.989		22.089	540.000 (1670) év.	1 décès sur 27,4 habit.
1710-1790	1.504.845	18.810	1.512.695	18.908	7.849		600.000 (1760) rec.	1 — 31,9
1790-1800	224.727	22.472	217.614	21.761		7.113	547.756 (1800) rec.	1 — 24
1800-1810	206.007	20.600	201.589	20.158		4.418	580.609 (1805) év.	1 — 28
1810-1820	212.332	21.233	217.990	21.799	5.658		713.966 1817) rec.	1 — 33,6
1820-1830	241.536	24.153	279.927	27.992	38.391			» »
1830-1840	274.114	27.411	288.541	28.854	14.427		868.438 (1836) rec.	1 — 31,6
1840-1850	302.206	30.220	316.086	31.608	14.280		1.053.897 (1846) r.	1 — 34,8
1850-1860	319.068	31.906	353.260	35.326	34.192		1.774.346 (1856) r.	1 — 36,7
1860-1866	265.756	44.292	320.007	53.334	54.251		1.696.141 (1861) r. (annexion).	1 — 38,3

Ce tableau montre que la mortalité, après avoir subi des oscillations assez irrégulières, a, en définitive, diminué d'une manière notable depuis la fin du xviiᵉ siècle : cette diminution a suivi une marche régulière depuis 1830 : dans la période décennale de 1830 à 1840, elle était de 1 sur 31,6 habitants ; dans la dernière période considérée, 1860-1866, elle est de 38,3 ; elle serait seulement de 1 décès sur 39 vivants si, au lieu de rapporter la mortalité à la population en 1861, nous l'avions rapportée à la population en 1863, année intermédiaire entre 1860 et 1866.

Il serait intéressant de rechercher les causes de cette diminution de la mortalité à Paris depuis deux siècles : on l'a attribuée aux progrès de l'hygiène publique et aux grands travaux d'assainissement exécutés depuis trente ans dans la capitale. C'est là bien certainement un fait dont il faut tenir grand compte dans l'examen de la question ; mais ce n'est pas la seule cause qui ait influé sur la diminution progressive de la mortalité. Quelques documents trop peu nombreux, mais parfaitement authentiques, me portent à croire que la mortalité générale à Paris a diminué, parce qu'elle a diminué beaucoup dans les hôpitaux, mais que la mortalité à domicile a peu varié. En effet, avant la Révolution, la mortalité à l'hôpital atteignait des proportions véritablement effrayantes. Dans un extrait des mortuaires qui nous a été conservé par Morand (1), on lit que, dans le seul mois de janvier 1670, le nombre des décès à l'Hôtel-Dieu s'éleva à 644 et dans le reste de la ville à 1.713 : nous n'avons pas d'autres renseignements sur cette année. — De 1761 à 1789, le nombre moyen des décès annuels à Paris fut de 19.200, et le nombre des décès annuels à l'Hôtel-Dieu de 5.283 (2). On voit que le chiffre des décès survenus dans le seul hôpital de l'Hôtel-Dieu était plus que le quart du chiffre total des décès à Paris, proportion qui a considérablement diminué depuis. La mortalité à l'Hôtel-Dieu, dans cette période, était de 1 décès sur 4,5 entrées, tandis qu'elle n'est aujourd'hui (période de 1850-1861) que de 1 sur 8,28 admis.

(1) Histoire de l'Académie royale des Sciences pour 1771.
(2) Rapport fait au Conseil général des Hospices, de 1804 à 1811.

Il est facile de juger par ces quelques chiffres quelle part
la mortalité aux hôpitaux prenait autrefois dans la mortalité
générale à Paris. Pour résoudre complétement cette question
de la diminution de la mortalité ou, ce qui revient au même,
de l'accroissement de la vie moyenne qu'on a obscurcie mal
à propos par des considérations politiques qui lui sont tout
à fait étrangères, il serait à désirer que l'administration des
hôpitaux se décidât à nous donner sur la mortalité des anciens
hôpitaux de Paris un travail statistique en chiffres et sans
commentaires : cette statistique nue aurait assurément plus
de valeur à nos yeux que « ces tables publiées, dit avec raison
le Dr Lorain (1), dans un but apologétique, par quelques statisticiens de l'assistance publique, n'appartenant pas aux pro-
fessions savantes, et étrangers à la médecine.»

Vie moyenne à différents âges à Paris.

La durée de la vie moyenne, pour un individu d'un certain
âge, c'est le nombre d'années qu'il lui reste encore à vivre à
partir de cet âge : elle s'obtient pour un âge donné en faisant
la somme des années vécues par les survivants à cet âge et
divisant cette somme par le nombre des survivants; mais
c'est là une opération extrêmement fastidieuse par sa longueur : j'ai calculé la vie moyenne à différents âges à Paris
à l'aide d'une formule dont on trouvera la démonstration à la
fin de cette étude. J'ai disposé en regard de la table de la vie
moyenne à Paris celle que M. Legoyt, le savant directeur de
la statistique au ministère de l'agriculture et du commerce,
a calculée pour la France entière, à l'aide de la méthode ordi-

(1) Dictionnaire de Médecine et de Chirurgie pratiques. Article Age,
page 420. Paris, 1864.

TABLEAU XVIII.

Ages.	Vie moyenne à Paris 1851-1860.		Vie moyenne en France 1850-1859 (M. Legoyt)		Vie moyenne en France en 1746 (Deparcieux).	
0 an	31 ans	1 mois	36 ans	0 mois	39 ans	8 mois
1	36	7	43	0	46	4
2	38	8	»	»	48	4
3	39	4	»	»	49	1
4	39	10	»	»	49	4
5	39	9	46	8	49	2
6	39	3	»	»	48	10
7	38	10	»	»	48	5
8	38	4	»	»	48	0
9	37	4	»	»	47	5
10	36	7	44	4	46	11
15	32	6	40	10	43	6
20	29	7	37	8	40	3
25	28	3	35	3	37	2
30	26	3	32	3	34	1
35	24	1	29	1	30	11
40	21	6	25	10	27	6
45	19	1	22	7	23	11
50	16	6	19	3	20	5
55	14	1	16	2	17	3
60	11	10	13	3	14	2
65	9	9	10	7	11	3
70	7	8	8	1	8	8
75	6	0	6	4	6	6
80	4	9	4	11	4	8
85	4	0	4	1	3	2
90	3	3	3	7	1	9
95	2	10	2	10	0	0
100	1	6	0	6	0	0
105	0	0	0	0	0	0

naire ; j'y ai joint aussi la table de Deparcieux, qui est encore consultée pour le calcul des rentes viagères, bien qu'elle date de 1746. La comparaison de ces trois tables montre que la durée de la vie moyenne à Paris est à tous les âges inférieure à celle de la vie moyenne en France, soit qu'on prenne la table de M. Legoyt, soit qu'on prenne celle de Deparcieux. La différence qui existe entre notre table et celle de Deparcieux tient à ce que ce statisticien considérait des *têtes choisies*, tandis que nos résultats s'appliquent à la population en masse. Quant à la table de M. Legoyt, elle diffère de la nôtre par cette raison que la mortalité est sensiblement plus grande à Paris que dans le reste de la France. J'ajouterai que M. Legoyt, ayant calculé par une méthode différente de la nôtre la vie moyenne dans le département de la Seine (1) par périodes de 10 ans en 10 ans, est arrivé à des résultats qui concordent assez exactement avec ceux que nous avons donnés pour Paris.

Le tableau de la vie moyenne à Paris montre que sa durée à la naissance est seulement de 31 ans et 1 mois et qu'elle augmente progressivement dans les années suivantes jusqu'à la quatrième, où elle atteint son maximum qui est de 39 ans 9 mois ; à partir de ce moment, elle diminue lentement. Ce que nous avons dit de la mortalité relative suivant les âges à Paris (voir tableau XIII) explique pourquoi la durée de la vie moyenne est relativement si petite à la naissance ; elle augmente dans les années suivantes parce que la génération naissante s'étant débarrassée des existences qui n'ont pu résister aux causes de mort si multipliées dans la première année, les survivants acquièrent un plus grand nombre de chances de durée.

(1) *Statist. de la France*, 2ᵉ série, t. XI, p. xlvij.

IV.

MORTALITÉ POUR CAUSE DE DÉCÈS.

———

Pour étudier plus commodément la mortalité, nous avons rapporté les causes de décès à un certain nombre de grandes divisions nosologiques (1) : ces divisions n'embrassent pas la totalité des décès survenus dans chacune des quatre capitales; d'abord parce que la cause des décès n'est pas toujours connue; mais, en outre, il en est un certain nombre dont le diagnostic nous inspire des doutes, ou qu'il est impossible de faire entrer dans un cadre uniforme, à cause de leur diversité. La statistique que nous allons donner n'embrasse à peu près que les quatre cinquièmes des décès survenus dans chaque ville. Pour Vienne, la proportion des décès enregistrés par causes de maladies est beaucoup moindre ; le *Bulletin* donne le chiffre total

(1) Nous avons exposé, dans une note placée à la fin de cette étude les principes sur lesquels sont fondées ces divisions nosologiques, ainsi que la nomenclature des causes de décès; nous avons suivi à quelques modifications près l'ordre adopté par M. le docteur Farr, dans la rédaction du bulletin des décès de Londres : il serait à désirer que les différentes administrations se concertassent pour l'adoption d'une nomenclature uniforme.

5

de la mortalité et le nombre des décès pour quelques causes
spéciales. Il reste entendu qu'il s'agit, pour New-York, de la
mortalité survenue en 1864, le rapport sur la mortalité de
cette ville en 1865 ne nous étant pas encore parvenu.

Nous rapporterons les causes de décès aux divisions suivantes : *Maladies zymotiques, diathésiques ou constitutionnelles du Système nerveux, du Cœur, des Organes respiratoires, des Organes digestifs, de l'Appareil génito-urinaire;
Maladies par Atrophie et Débilité, Morts violentes.*

TABLEAU XIX.

Maladies zymotiques.

	PARIS décès.			LONDRES décès.	VIENNE décès.	NEW-YORK décès.
	Masc.	Fém.	Total.			
Fièvre typhoïde.....	619	543	1.162	3.232	704	640
Typhus.............	»	»	»		»	759
Variole...........	449	316	765	646	117	394 (1)
Rougeole..........	180	163	343	1.302	175	258
Scarlatine........	64	76	140	2.181	102	897
Diphthérie........	513	432	945	433	381	805
Croup.............				742		820
Coqueluche........	99	114	213	2.921	115	147
Érysipèle.........	213	159	372	363	»	130
Fièvre puerpérale...	»	495	495	182	»	401
Fièvre intermittente.	3	2	5	»	»	15
Choléra...........	3.461	3.126	6.591	493	70	12
TOTAL........	5.601	5.426	11.031	12.195	1.664	4.971
Rapport à la mor-talité totale........	21,5 0/0.			16,6 0/0.	9,2 0/0.	19,2 0/0.

(1) Ce nombre est le total des décès par variole (*small pox*) et par varioloïde.

TABLEAU XX.

Résumé par saisons des décès causés par les maladies zymotiques.

SAISONS.	PARIS.				LONDRES.			VIENNE.			NEW-YORK.		
	Décès.	Température moyenne.	HYGROMÈTRE. d'Août. (Vacher)	à 6 heu. (observ.a.)	Décès.	Température moyenne.	Hydromètre d'August.	Décès.	Température moyenne.	Hygromètre d'August.	Décès.	Température moyenne.	Hygromètre d'August. Température d'évaporation.
Hiver........	4.171	2°.6	79	70	3.591	2°.5	82	517	—1°.2	80	1.529	—0°.26	—2°.34
Print.-mps...	910	16°.6	»	46	2.698	13°.2	73	440	15°.6	59	1.356	13°.9	11°.0
Été..........	1.212	19°.0	67	47	2.512	16°.9	75	345	19°	62	965	20°.8	17°.2
Automne......	7.738	7°.4	31.6	70.3	3.394	7°.1	88	362	3°.1	79.9	1.121	6°.46	1°.38

L'inspection de la table précédente montre que les maladies zymotiques ont leur maximum d'intensité en hiver, excepté à Paris où l'épidémie de choléra a transporté le maximum en automne et augmenté la mortalité en été ; elles décroissent au printemps, atteignent leur minimum de fréquence en été, et reprennent leur marche ascendante en automne. Ces maladies se lient évidemment aux variations des saisons. M. Marchal (de Calvi) (1) en compulsant les Bulletins de l'Académie de médecine, a formé un tableau de 179 épidémies (maladies zymotiques) distribuées de la manière suivante, suivant les saisons.

(1) Thèse pour le concours à la chaire d'hygiène, page 68.

Hiver	55
Printemps	30
Été	38
Automne	56

C'est un fait remarquable que les maladies zymotiques, bien qu'ayant leur maximum de fréquence en hiver, sévissent rarement dans les hivers secs et par un temps rigoureux. Elles n'apparaissent en général épidémiquement que lorsque le temps est humide, et le tableau précédent montre que l'hiver et l'automne sont les deux saisons les plus humides de l'année dans les quatre capitales.

Il semble que l'air humide soit un meilleur véhicule du miasme que l'air sec et froid, ou que l'air chaud, mais non saturé de vapeur. C'est là un fait qui se trouve partiellement confirmé par ce que nous savons du développement des fièvres palustres. Ceux qui habitent les pays à marais savent que c'est le matin, avant le lever du soleil, ou le soir après le coucher, c'est-à-dire au moment où la vapeur contenue dans l'air est la plus voisine de son point de saturation, que l'influence des émanations paludéennes est redoutable et peut engendrer la fièvre (1). Des observations ultérieures nous apprendront s'il en est ainsi pour les autres maladies miasmatiques.

(1) Dès le siècle dernier, Lancisi avait noté cette influence pernicieuse de la nuit sur le développement des fièvres qui sévissent au voisinage des marais Pontins. « Pour ce qui est, dit-il, des émanations palustres, c'est le soir après le coucher du soleil qu'elles deviennent sûrement et promptement pernicieuses » (*De noxiis Paludum effluviis*, cap. xx, 5) ; et l'illustre observateur en prenait occasion de mettre en garde contre les effets de ces redoutables émanations les voyageurs qui se rendent de Rome à Naples ou *vice versâ*, en suivant l'ancienne voie Appienne, laquelle traverse les marais Pontins : il leur recommande de voyager préférablement le jour, dussent-ils rester exposés à l'ardeur du soleil. Le docteur Wells n'avait pas encore donné du phénomène de la rosée et du serein cette explication si lumineuse et si simple que tout le monde connaît. Le médecin italien, pour expliquer l'influence de la nuit, admettait que les effluves marécageux, subtilisés en quelque sorte pendant le jour par l'action du soleil et se maintenant dans les couches supérieures de l'atmosphère, se concrètent et se condensent à l'approche de la nuit et retombent à la surface de la terre.

1. VARIOLE.

TABLEAU XXI.

Mortalité suivant les saisons.

Saisons.	Paris.	Londres.	Vienne.	New-York.
Hiver.............	150	194	21	35
Printemps........	88	149	13	84
Été.............	129	147	16	73
Automne.........	398	156	67	202
TOTAL..........	765	646	117	394
Rapport à la mortalité totale....	1,5 p. 700	0,8 p. 100	0,7	1,05 p. 100

On voit que la variole a eu son maximum de fréquence en hiver et en automne. A Vienne, à New-York et à Paris la mortalité par cause de variole est extrêmement élevée pendant ces deux saisons. Nous aurons occasion de remarquer pour Paris que les autres affections miasmatiques ont eu aussi leur maximum d'intensité en automne, au moment même où le choléra sévissait à Paris, ce qui dément la loi de balancement des épidémies établie par Sydenham (voir plus loin article *Choléra*) ; pour mieux faire ressortir l'influence des saisons sur le développement de la variole, nous allons réunir dans un tableau les chiffres des décès par variole à New-York et à Paris, pendant un assez grand nombre d'années.

TABLEAU XXII.

Petite Vérole à Paris (1856-1865).

Décès par mois.

MOIS.	1856	1857	1858	1859	1860 année	1861	1862	1863	1864	1865	TOTAL des décès p. mois	DÉCÈS par mois de 30 jours
Janv..	27	24	61	17	45	13	100	20	39	57	403	390
Févr..	18	27	38	25	34	43	80	35	43	51	394	422
Mars..	21	19	42	16	46	25	77	32	39	42	359	347
Avril..	25	19	33	21	40	27	49	28	41	39	322	322
Mai...	22	36	31	15	17	32	54	32	28	31	278	268
Juin...	18	39	29	19	18	32	29	19	34	18	255	255
Juillet,	17	42	19	26	27	34	17	19	32	36	269	260
Août..	13	36	10	32	25	38	25	22	23	30	254	250
Sept..	13	41	22	27	22	60	19	30	18	63	315	315
Octob.	13	52	10	43	22	115	12	41	23	113	444	429
Nov...	21	55	14	36	17	89	12	33	20	156	462	462
Déc ..	29	55	12	36	29	85	19	47	38	129	479	463
TOTAL.	237	445	321	313	342	593	473	356	387	765		

Petite Vérole à New-York (1854-1864).

Décès par mois.

Janvier....	450		Juillet....	221
Février....	449		Août.....	202
Mars......	401		Septembre.	153
Avril	384		Octobre...	160
Mai.......	387		Novembre.	216
Juin......	315		Décembre..	336

Les deux tableaux précédents confirment ce que nous disions plus haut de la grande fréquence des décès par variole en automne et en hiver. Si nous possédions pour Paris une série d'observations météorologiques, s'étendant de 1856 à 1865, on pourrait tracer la courbe météorologique et la comparer à celle de la mortalité par cause de variole ; mais les observations météorologiques que nous possédons sont incomplètes.

TABLEAU XXIII.

Variole suivant l'âge et le sexe,
en 1865 à Paris.

Ages des décédés.	Sexe masculin.	Sexe féminin.	TOTAL des 2 sexes.
0- 5 ans	124	117	241
5-15	7	11	18
15-25	125	53	178
25-40	136	96	232
40-60	53	32	85
60 et au-dessus.	4	7	11
TOTAL......	449	316	765

Ce tableau montre : 1° que la première enfance est de tous les âges celui qui fournit le plus de décès à la variole ; 2° que le sexe masculin est frappé dans une proportion plus forte que le sexe féminin. Est-ce là un fait isolé qui se produit accidentellement dans une année, pour disparaître dans la suivante ? C'est ce que nous allons décider à l'aide du tableau suivant embrassant une période de vingt années.

TABLEAU XXIV.

Variole suivant l'âge à Paris de 1836-1856 (20 ans).

Age des décédés.	Nombre des décès.	Rapport des décès à la population de chaque âge.
0- 3 mois	506	»
3- 6	258	»
6-12	413	»
0- 1 an	1.177	10,7
1- 5	1.517	2,8
5-10	453	0,7
10-20	955	0,6
20-30	2.537	1,2
30-40	797	0,4
40-50	218	0,1
50-60	50	0,06
60 et au-dessus	21	0,03
TOTAL des décès......	7.725	4.700 individus du sexe masculin.
	3.025	— — féminin.

Les nombres inscrits dans la troisième colonne verticale de ce tableau représentent la mortalité relative de chaque âge par cause de petite vérole. On les obtient en divisant le nombre des décédés de chaque âge par le nombre des vivants : cet âge fourni par le tableau II. On voit que, dans la première année de la naissance, la variole est extrêmement meurtrière; elle l'est presque 10 fois plus qu'à la période de 20 à 30 ans, bien que le nombre des décès par variole dans cette période soit en valeur absolue plus grand que celui des décès de 0 à 1 an. La raison en est, comme nous l'avons déjà fait remarquer plusieurs fois, que la mortalité se répartit sur un plus grand nombre de personnes à l'âge adulte (voir tableau II). On voit encore que le nombre des décédés par variole de 0 à 3 mois est relativement très-élévé, contrairement à l'opinion de M. Bousquet qui, dans son *Traité de la vaccine* (p. 23-24), professe que la variole *est infiniment rare* de la naissance à six mois, et qui part de cette donnée démentie par l'observation pour poser en règle que la vaccination doit être de préférence pratiquée vers le 3e mois seulement. C'est là une pratique qu'on ne saurait trop condamner. Elle expose l'enfant à être emporté par la variole qui est, le plus souvent, mortelle à cet âge. Il faut au contraire vacciner l'enfant aussitôt après la naissance; c'est une loi que je me suis faite dans ma pratique, bien que sur ce point le monde soit plein d'objections. Quoi qu'on ait dit des prétendus inconvénients de la vaccination prématurée, l'enfant supporte en général très-bien l'opération, et la fièvre vaccinale, que l'on paraît tant redouter, est un phénomène que je n'ai pas encore pu constater, quelque attention que j'y aie portée, et qui reste à démontrer pour moi.

TABLEAU XXV.

Petite Vérole par arrondissements à Paris
de 1860-1865.

ARRONDIS.	Nomb. d'hôpit. situés dans l'arrondissem.	Décès en 1860	Décès en 1861	Décès en 1862	Décès en 1863	Décès en 1864	Décès en 1865	Total en 6 ans.	Rapport d. décès à la populat.
1er	»	6	11	7	6	8	16	54	0.63
2e	»	6	10	7	5	10	10	48	0.58
3e	»	12	11	13	7	9	20	72	0.72
4e	1	38	101	19	43	38	»	»	»
5e	2	34	86	45	33	26	»	»	»
6e	2	16	34	29	32	26	»	»	»
7e	3	15	12	13	4	8	»	»	»
8e	1	19	24	29	14	17	»	»	»
9e	»	13	2	11	9	8	17	60	0.56
10e	4	36	47	49	33	44	»	»	»
11e	1	17	29	25	14	21	39	145	»
12e	2	32	50	32	28	31	»	»	»
13e	2	7	20	9	8	12	»	»	»
14e	5	16	29	11	19	9	»	»	»
15e	2	28	43	48	32	39	»	»	»
16e	2	4	6	10	2	2	10	31	»
17e	»	6	6	24	16	18	27	97	1.30
18e	»	13	23	25	25	24	22	132	1.24
19e	»	17	28	45	11	21	33	155	2.04
20e	»	10	21	19	15	6	16	87	1.24

Si l'on compare la mortalité par cause de petite vérole dans les arrondissements qui n'ont pas d'hôpitaux, les 1er, 2e, 3e, 9e, 17e, 18e, 19e et 20e, on voit que la proportion des décès est beaucoup plus faible dans les quatre premiers arrondissements qui figurent parmi les plus riches de Paris (voir le tableau XV) que dans les quatre derniers qui sont classés parmi les plus pauvres. Dans le 19e arrondissement (les Buttes Chaumont) la mortalité relative est 4 fois plus considérable que dans l'arrondissement de l'Opéra (9e arrondissement). Cela tient sans doute à ce que, dans les quartiers pauvres, on montre peu d'empressement à faire vacciner les enfants, à ce point que l'administration municipale promet, comme on sait, non-seulement la vaccination gratuite dans les mairies, mais encore une prime de trois francs aux indigents qui viennent faire vacciner leurs enfants. Dans les quartiers riches, au contraire, les enfants sont vaccinés, en général, à la naissance ou au moins dans le premier mois.

TABLEAU XXVI.

Variation de la mortalité par cause de Variole

à Paris, de 1810 à 1865.

Périodes.	Décès par Variole.	Mortalité générale.	Rapport des décès (1) par Variole à la mortalité générale.
1810-1819	3.529	206.520	1,70
1820-1829	5.073	246.257	2,06
1830-1839	2.542	282.661	0,89
1848-1849	3.393	298.253	1,13
1850-1859	4.260	319.068	1,30
1860-1865	2.916	265.756	1,09

(1) On a multiplié le rapport par 100 pour avoir des nombres plus grands que l'unité.

On voit que la mortalité par variole a augmenté sensiblement dans la 2ᵉ période de 1820 à 1830, ce qui tient aux épidémies meurtrières de 1821-22; la mortalité a ensuite éprouvé quelques oscillations dans les périodes suivantes; mais, en définitive, elle a diminué depuis 1810, époque à laquelle remontent les premières constatations officielles des décès par petite vérole à Paris.

Nous ajouterons aux données statistiques précédentes le tableau suivant, que nous empruntons au volume XXXVI des *Transactions médico-chirurgicales de Londres*. C'est une analyse de cas de petite vérole, traités à *Small-Pox Hospital* de Londres, dans la période de 1836 à 1851. Ce tableau permet de résoudre quelques problèmes intéressants que soulève la question de la vaccination.

———

TABLEAU XXVII.

Statistique de l'Hôpital des Varioleux de Londres,
de 1836 à 1851.

	Individus admis à l'hôpital.	Décès.	Proportion p. 100 des décès.
Variole survenant chez des individus qui n'avaient été ni vaccinés, ni inoculés, et qui n'avaient pas eu de variole antérieure.	2.654	996	35,55
Variole récidivant................	14	0	0
Variole après inoculation........	27	7	23,07
Variole après vaccination avec cicatrices apparentes..............	2.787	191	5,25
Variole après vaccination sans cicatrices apparentes..............	290	74	21,73
TOTAL.....	5.772	1.268	

Ce tableau montre que la variole a tué 35,55 pour 100, c'est-à-dire un peu plus du tiers de ceux qui n'étaient préservés ni par la vaccine ou l'inoculation, ni par une variole antérieure. On voit que, depuis le siècle dernier, où, suivant la statistique de La Condamine et de Jurin, elle emportait un cinquième de ceux qu'elle frappait, la petite vérole n'a rien perdu de sa malignité. Le tableau montre encore que, sur 14 individus, chez qui la variole récidivait, pas un n'a succombé. Parmi ceux qui avaient été inoculés, un quart à un cinquième a succombé ; parmi ceux qui avaient été vaccinés, et qui conservaient des cicatrices de l'opération, la mortalité a été d'un vingtième seulement, tandis qu'elle est d'un quart chez ceux qui avaient été vaccinés, mais qui n'avaient plus de cicatrices apparentes. Ce dernier fait est important à noter, et semblerait prouver qu'il y a indication à revacciner les individus chez qui les cicatrices de la vaccine ne sont plus apparentes.

Ce tableau est intéressant à un autre point de vue; il nous montre que, sur 5.762 individus entrés à *Small-Pox Hospital*, 2.654 n'étaient pas vaccinés, environ la moitié, ce qui a lieu de nous surprendre, dans la capitale du pays où la vaccine a pris naissance. Mais il faut savoir que la pratique vaccinale n'a rencontré nulle part plus d'obstacles à se répandre que dans la patrie de Jenner. Cette nouveauté, comme aurait pu le faire une réforme religieuse ou politique, partagea dès le début l'Angleterre en deux camps rivaux, les vaccinophiles et les vaccinophobes (1), dont chacun compte encore de nombreux adhérents; et le *Compulsory vaccination act*, qui oblige les parents à faire vacciner leurs enfants, n'a pas encore mis fin à toutes les résistances; car, en lisant les rapports des régistraires des comtés, on voit que, dans quelques localités, le décret du parlement est une lettre morte. Le tableau ci-dessus montre qu'il y a encore des individus qui préfèrent l'inoculation à la vaccine; mais on voit, par la proportion des décès qu'ils ont fournis, que l'inoculation serait un préservatif moins sûr que la vaccine, puisque la proportion des décès est de 1 sur 4 chez les inoculés, et de 1 sur 14 chez les vaccinés.

(1) Les vaccinophobes avaient composé une sorte de chanson dans laquelle ils énuméraient les maux innombrables qu'ils attribuaient à l'introduction de la vaccine; en voici un passage : « Le mal et Buonaparte (on était au plus fort de la guerre continentale) et la vaccine triomphent, comme si le ciel voulait punir notre méchanceté; mais *tout cela n'aura qu'un temps*, et jamais nous ne courberons la tête sous les coups de ces fléaux réunis. Non, Anglais ! jamais ! jamais !

2. FIÈVRE TYPHOIDE

TABLEAU XXVIII.

Mortalité suivant les saisons.

	Paris.	Londres.	Vienne.	New-York.	
Hiver...............	219	936	256	160 (1)	222 (2)
Printemps......	182	790	200	133	265
Été......,......	300	677	138	166	158
Automne.......	461	919	110	181	114
TOTAL...	1.162	3.232	704	640	759

(1) Fièvre typhoïde. (2) Typhus.

TABLEAU XXIX.

Mortalité par mois, par sexe et par âge à Paris.

AGES.	SEXE MASCULIN.							SEXE FÉMININ.							TOTAL des deux sexes.
	0-5 ans.	5-15	15-25	25-40	40-60	60	TOTAL.	0-5	5-15	15-25	25-40	40-60	60	TOTAL.	
Janvier..	6	4	13	5	4	1	33	7	9	15	3	7	3	44	77
Février..	7	4	7	10	3	4	35	7	7	8	10	3	1	36	71
Mars....	13	10	10	7	5	0	45	7	7	9	1	2	0	26	71
Avril...	13	4	11	7	1	1	37	9	8	7	4	2	0	30	67
Mai.....	3	8	4	11	7	0	33	6	6	9	7	1	0	29	62
Juin....	6	2	7	8	5	1	29	5	7	5	2	3	2	24	53
Juillet ..	10	7	13	11	3	0	44	6	11	7	6	0	2	32	76
Août.,..	2	5	25	19	8	2	61	8	10	23	11	2	2	56	117
Septemb.	9	10	23	13	3	0	58	3	13	15	13	3	2	49	107
Octobre.	3	5	45	27	11	1	92	11	22	31	14	6	3	87	179
Novemb.	12	10	33	13	12	2	82	9	13	21	23	9	1	76	158
Décemb.	9	9	23	22	7	0	70	15	8	18	9	3	1	54	124
TOTAL..	93	78	244	153	69	12	619	93	121	168	103	41	17	543	1.162

TABLEAU XXX.

Résumé de la mortalité par âges.

Ages.	Décès.	Rapport à la population.
0- 5 ans.	186	0,28
5-15	199	0,15
15-25	382	0,20
25-40	256	0,08
40-60	110	0,05
60 et au-dessus	28	0,03

Le tableau **xxviii** montre que l'influence des saisons est assez incertaine sur le développement de la fièvre typhoïde à Paris ; à Londres, elle a été plus fréquente pendant l'hiver et l'automne que pendant les deux autres saisons; à Vienne elle a été très-fréquente en hiver et au printemps.

Quant à l'influence du sexe, le tableau **xxix** montre que les décès masculins sont plus nombreux que les décès féminins, dans la proportion de 114 à 100 ; d'après le tableau **iv**, le sexe masculin est au sexe féminin à Paris dans la proportion de 103 à 100 ; d'où il résulte que pour l'année 1865 la mortalité relative par fièvre typhoïde a été plus grande parmi les hommes que parmi les femmes.

Le tableau **xxx** exprime la mortalité relative suivant les âges. Si ce tableau, ou plutôt si les éléments de statistique qui ont servi à le former sont exacts, la première enfance (0 à 5 ans) serait l'âge le plus éprouvé par la fièvre typhoïde ; puis viendrait la période de 15 à 25 ans ; Comme M. Louis l'avait annoncé, il y a plus de trente ans, c'est l'âge qui fournit le plus de décès par fièvre typhoïde à Paris ; mais, eu égard au grand nombre d'individus de cet âge, la mortalité relative se trouve inférieure à celle de la première période de la vie.

TABLEAU XXXI.

Mortalité par arrondissements à Paris.

en 1865.

Arrondissements sans hôpitaux.		Nombre des décès.	Nombre des décès sur 10.000 habitants.
Arrondiss. riches.	1er arrond.............	32	3,5
	2e —	21	2,5
	3e —	28	2,8
	9e —	50	4,6
Arrondiss. pauvres.	17e —	47	6,2
	18e —	86	8,1
	19e —	53	6,9
	20e —	28	4,0
Arrondissements riches		131	3,3
Arrondissements pauvres.............		214	6,3

Nous n'avons inscrit dans ce tableau que les arrondissements qui n'ont pas d'hôpitaux, en sorte que les décès constatés sont survenus à domicile. Les 1er, 2e, 3e et 9e arrondissements peuvent être classés parmi les plus riches de la capitale (voir tableau **xv**), et les quatre derniers arrondissements parmi les plus pauvres. On voit que, si l'on considère la mortalité sur 10.000 habitants, il y a 3,3 décès par fièvre typhoïde dans les arrondissements riches, tandis qu'il y en a 6,3 dans les quartiers pauvres, c'est-à-dire presque le double ; d'où l'on peut conclure que la misère a une influence aussi marquée sur le développement de la fièvre typhoïde que sur celui de la variole. On a prétendu que cette affection trouvait dans l'encombrement, dans l'agglomération de la population des conditions favorables de développement. Je ferai remarquer que, dans le 2e et dans le 3e arrondissement, où la densité de la population est respectivement de 841 et 854 habitants par hectare, la fièvre typhoïde fait en valeur

absolue et en valeur relative deux fois moins de victimes
que dans le 9ᵉ arrondissement qui compte seulement 504 habitants par hectare. Il faut remarquer aussi que, dans les
quatre arrondissements pauvres, la densité de la population
est à peine le quart de ce qu'elle est dans les quatre arrondissements riches.

Variation de la mortalité par cause de fièvre typhoïde,

à Paris, de 1810 à 1850.

La statistique que nous avons à notre disposition ne
donne que le chiffre des décès, sans entrer dans aucun détail
sur les diverses circonstances que présente la maladie. Elle
remonte à 1809, époque où les décès ont commencé à être
classés. Il est bien entendu que nous avons compris sous le
titre moderne de fièvre typhoïde les anciennes fièvres ady-
namique et ataxique de Pinel, entéro-mésentérique de Serres
et Petit, gastro-entérite de Broussais, fièvre putride, maligne,
muqueuse des praticiens.

TABLEAU XXXII.

Décès par fièvre typhoïde à Paris (1810-1849-1865).

	Décès p. fièvre typhoïde.	mortalité générale.	Rapp. des décès p. fièv. typhoïde à la mortalité générale (1).
1810-1819	21.795	206.520	10,55
1820-1829	12.139	246.257	4,93
1830-1830	7.502	282661	2,65
1840-1849	11.966	234.154	5,10
1865	1.162	51.285	2,20

(1) On a multiplié le rapport par 100 pour éviter les fractions.

Ces chiffres permettent de réfuter une opinion répandue dans le monde, à savoir : que la fièvre typhoïde n'a commencé à exercer des ravages qu'à dater de l'introduction de la vaccine. Un homme qui s'est fait un nom dans les sciences mathématiques, mais qui est étranger aux connaissances médicales, Hector Carnot, a prêté à cette opinion l'appui de ses calculs. Il a dit que la vaccine n'avait fait que déplacer la mortalité, et qu'elle ne nous préserve de la petite vérole qu'au prix d'autres affections inconnues jusqu'à l'introduction de la pratique vaccinale, ou du moins à peu près inoffensives; en sorte que la vaccine serait responsable, suivant les partisans de cette opinion, de tous ces maux dont parle le poëte :

> .... *Macies* et nova *febrium*
> Terris incubuit cohors;
> Semoti que prius tarda necessitas
> Leti corripuit gradum.

Macies, la phthisie! Rien ne prouve qu'elle ait augmenté à Paris. Les statistiques sur cette maladie ne remontent pas au delà de 1830. Quant à la fièvre typhoïde, dont les variétés forment la *cohors nova febrium*, elle n'est pas nouvelle, bien que le nom le soit, et elle n'a pas aujourd'hui une gravité plus grande qu'autrefois; on peut voir dans le mémoire de Morand, dont nous avons parlé plus haut (*Histoire de l'Acad. royale des sciences*, 1771), que cette maladie sévit à Paris en août 1671, et fit un très-grand nombre de victimes sous le nom de fièvre continue, par lequel on la désigne encore aujourd'hui. Le tableau précédent montre que, de 1809 à 1819, la proportion des décès par fièvre typhoïde était notablement plus élevée qu'aujourd'hui, et qu'elle a diminué progressivement comme la mortalité par variole (voir tableau xxvi), ce qui n'aurait pas eu lieu si l'opinion de Carnot était vraie. Ceux qui mouraient vers 1810 de la fièvre typhoïde étaient, pour le plus grand nombre, des individus qui n'avaient pas été vaccinés, la vaccine n'ayant commencé à se répandre que dans les premières années du siècle, et avec beaucoup de lenteur. Quant à cette multitude de noms, fièvre putride, fièvre maligne, fièvre muqueuse, ataxique, etc., nous avons fait remarquer plus haut qu'elle ne peut en imposer qu'à ceux qui sont étrangers à la médecine, et qui ignorent que ces expressions diverses désignent un état morbide unique, caractérisé par une lésion constante, celle des follicules de l'intestin grêle. Un fait assez singulier, qui résulte de la statistique des décès à Londres, c'est celui de l'aggravation de la rougeole depuis le dix-septième siècle. Voici les chiffres proportionnels de la mortalité par rougeole sur 100.000 vivants, à sept périodes différentes, 1625-1854 :

DÉCÈS par rougeole sur 100.000 vivants.	1629-1635	1660-79	1728-57	1771-80	1801-1810	1831-1835	1840-1852
	16	47	37	48	94	86	58

Nous aurions bien quelques objections à faire sur le diagnostic des affections éruptives au dix-septième et au dix-huitième siècle ; mais, quand bien même il serait démontré péremptoirement que la rougeole est devenue une cause de mort plus fréquente qu'autrefois, ce résultat serait tout à fait étranger à la vaccine, puisque c'est au dix-septième siècle, c'est-à-dire bien longtemps avant qu'il fût question de vaccine et même d'inoculation, qu'il faudrait remonter pour rechercher la cause de cette variation.

Rougeole. — Scarlatine. — Diphthérie. — Croup. — Coqueluche. Érysipèle.

TABLEAU XXXIII.

Total des décès constatés en 1865.

	Paris.	Londres.	Vienne.	New-York.
Rougeole	343	1.302	175	258
Scarlatine.........	140	2.230	102	897
Diphthérie.........	} 945	135	} 381	803
Croup.............		740		820
Coqueluche........	213	2.928	115	147
Érysipèle.........	372	363	»	130

TABLEAU XXXIV.

Mortalité suivant les saisons.

	PARIS.				LONDRES.				VIENNE.				NEW-YORK.			
	Hiver.	Printemps.	Été.	Automne.	Hiver.	Printemps.	Été.	Automne.	Hiver.	Printemps.	Été.	Automne.	Hiver.	Printemps.	Été.	Automne.
Rougeole....	83	92	75	93	333	203	253	503	45	55	47	28	41	101	86	30
Scarlatine...	28	48	32	32	566	385	516	714	12	14	34	42	335	264	128	170
Diphthérie...	317	226	182	223	129	93	90	121	115	101	65	100	250	205	175	175
Croup.......					227	180	144	191					333	197	107	183
Coqueluche ,	70	57	42	44	1.013	842	443	623	59	34	15	7	63	32	27	25
Érysipèle...	127	85	68	92	120	76	72	95	»	»	»	»	42	45	20	23

TABLEAU XXXV.

Mortalité par âge et par sexe, à Paris en 1855.

	0-5	5-15	15-25	25-40	40-60	60 et au-dessus	TOTAL.	SEXE masculin	SEXE féminin
Rougeole ..	311	24	4	4	»	»	343	180	143
Scarlatine .	72	20	17	21	7	3	140	64	76
Diphthérie et Croup .	765	116	11	13	25	15	945	513	432
Coqueluche.	206	7	0	0	0	0	213	99	114
Érysipèle ..	121	5	34	50	81	81	372	213	159

On voit qu'à Paris la mortalité causée par les diverses maladies inscrites dans le tableau 34 ont leur minimum de fréquence en été : à Londres le minimum est aussi en été, et le
maximum en hiver et en automne.

Quant à l'influence de l'âge, elle est mise en évidence par
le tableau XXXV. On voit que la période de la naissance à 5 ans
est celle qui fournit le plus de décès. Il est une remarque que
nous devons faire au sujet du croup et de la diphthérie ; ils
sont ici confondus, mais l'inspection du *Bulletin des décès* à
Paris montre que le croup a exclusivement sévi sur les enfants
de 0 à 5 ans et de 5 à 15 ans, mais surtout sur ceux de la
première période. Les décès constatés dans les autres périodes
de la vie doivent être portés au compte de la diphthérie.

4. Fièvre puerpérale.

TABLEAU XXXVI.

Mortalité par saisons

Saisons.	Paris.	Londres.	New-York.	Vienne
Hiver.........	157	65	43	»
Printemps.....	103	33	25	»
Été..........	102	34	15	»
Automne......	133	50	18	»
TOTAL	495	182	101	»
Rapport à la mortalité générale..	0,96 p. 100	0,24 p 100	0,39	»

Avant d'interpréter les chiffres placés dans ce tableau,
nous devons faire remarquer ici qu'il s'est glissé dans le *Bulletin de statistique municipale* une erreur qui tient à la manière dont les bulletins de décès sont rédigés par l'administra-

tion des hôpitaux, dans quelques établissements hospitaliers, sinon dans tous. Quand une femme succombe à une métro-péritonite dans les hôpitaux de femmes en couches, l'employé de l'hôpital, chargé de relever les décès, constate sur le bulletin : Cause de décès, *péritonite*. Le bulletin, arrivant à l'Hôtel-de-Ville avec cette simple désignation, est porté au compte de la péritonite ordinaire, non puerpérale. Il en résulte que les décès portés au bulletin de l'Hôtel-de-Ville sous la rubrique *métro-péritonite*, ne représentent pas la totalité des décès causés par cette maladie. Il faut y joindre ceux qui ont été portés par erreur à la colonne *péritonite*. J'avais demandé à M. le directeur de l'Assistance publique communication des rapports sur la mortalité des hôpitaux en 1865, afin de rectifier l'erreur que je viens de signaler ; ma demande est restée sans réponse. J'ai essayé de rectifier les chiffres autant qu'il était en moi, en faisant le relevé des décès par péritonite chez l'homme et chez la femme, prenant la différence des résultats, et ajoutant cette différence aux chiffres des décès par fièvre puerpérale. Voici au surplus le relevé mensuel des décès par péritonite, par fièvre puerpérale, et par suites de couches, tel qu'il est donné par le bulletin de l'Hôtel-de-Ville.

	PÉRITONITE.				
	Hommes.	Femmes.	Différ.	Fièvre puerpérale.	Suites de couches.
Janvier	14	35	21	31	3
Février	6	25	19	23	11
Mars	11	37	26	37	7
Avril.........	16	30	16	29	5
Mai..........	19	21	2	17	3
Juin.........	10	28	18	23	9
Juillet	11	23	12	27	3
Août.........	10	23	13	18	5
Septembre ...	15	29	14	18	9
Octobre......	5	32	27	20	7
Novembre....	5	36	31	15	9
Décembre	10	31	21	19	10
Total...	122	350	218	277	81

Le tableau XXXVI montre que la mortalité par fièvre puerpérale est beaucoup plus élevée à Paris qu'à New-York et à Londres. Les récentes études sur la fièvre puerpérale permettent d'affirmer que cette différence tient à la mortalité exceptionnelle qui règne dans les hôpitaux et les salles d'accouchements de Paris, où les admissions de femmes enceintes sont plus nombreuses qu'à Londres et à New-York (1). Ce tableau montre en outre que la mortalité est plus grande en hiver et en automne que dans le printemps et dans l'été. Est-ce là un fait constant, et peut-on dire que les saisons ont une influence sur le développement de la fièvre puerpérale ? C'est là une question controversée et qui ne sera bien résolue que par l'observation attentive de la marche de la mortalité pendant plusieurs années. Toutefois certains faits, que j'ai vus moi-même ou qui me sont connus indirectement, me portent à croire que, si la fièvre puerpérale peut éclater en toutes saisons, elle ne se montre en général sous forme épidémique que dans les temps humides, en d'autres termes que la fièvre puerpérale épidémique se lie à l'état hygrométrique de l'atmosphère.

Et d'abord, en comparant avec le tableau précédent les variations météorologiques des saisons (consulter la carte météorologique pour Paris), on voit que l'état hygrométrique suit les variations de la mortalité par puerpéralité, qu'il est maximum en hiver, décroît au printemps, atteint son minimum en été pour se relever en automne. On pourrait dire aussi que la température suit les mêmes variations, qu'elle tient sous sa dépendance la fièvre puerpérale, qui se développe-

---

(1) Il appartient à M. Tarnier, professeur agrégé à l'Ecole de Médecine, d'avoir le premier appelé l'attention sur ce fait de la mortalité des femmes en couches dans les hôpitaux, laquelle est hors de proportion avec la mortalité extra-hospitalière ; ce fait si intéressant a été confirmé par les recherches beaucoup plus étendues que M. Lefort a consignées dans son livre sur *les Maternités*, ouvrage qui fera époque, et qui, il faut l'espérer, sera le point de départ de réformes radicales dans l'hygiène hospitalière des femmes en couches.

rait alors sous l'influence du froid, comme le croyait à une certaine époque notre regretté maître M. Malgaigne qui, dans son service de l'hôpital Saint-Louis, avait imaginé ce qu'il appelait les *rubans antiphlogistiques*, destinés à prévenir le refroidissement des nouvelles accouchées; mais c'est là une hypothèse qui tombe devant les faits. Voici une observation qui montre que le froid est sans influence sur le développement de la fièvre puerpérale, et que l'humidité de l'air y prend au contraire une grande part. Une petite épidémie de fièvre puerpérale a éclaté à l'hôpital des Cliniques dans les circonstances suivantes. Du 18 décembre 1864, jour où j'ai commencé mes observations, jusqu'au 3 janvier 1865, la température extérieure avait été constamment inférieure à 0°. L'état sanitaire des salles d'accouchements de cet hôpital a été excellent dans cet intervalle de temps. Le 3 janvier, le dégel survient, la température s'élève au-dessus de zéro, et l'hygromètre, qui était *au sec* depuis quinze jours, marche rapidement à l'humide (voir la courbe de l'état hygrométrique sur la carte). Le 4 janvier, éclate un cas de fièvre puerpérale, et la femme succombe le 6; ce même jour, l'ophthalmie purulente se manifeste chez deux enfants (on n'en avait pas constaté depuis longtemps la présence dans les salles). Un nouveau cas de fièvre puerpérale se déclare le 8, et la femme succombe le 10 janvier. Le 9, on constate deux nouveaux cas d'ophthalmie purulente chez deux nouveau-nés, et deux femmes sont prises du frisson caractéristique de la fièvre puerpérale; elles succombent toutes les deux le 11 janvier (l'une de ces femmes était à son dixième accouchement, lequel s'était accompli dans d'excellentes conditions). Le 14 janvier, une autre femme, souffrant d'une péritonite chronique, succombe avec les symptômes d'infection purulente. Mes observations personnelles s'arrêtent là; mais j'ai appris que la fièvre puerpérale avait continué à sévir pendant le reste de l'hiver dans cet hôpital; et pendant toute la durée de cette épidémie, l'hygromètre a constamment indiqué pour l'atmosphère un degré élevé d'humidité, très-voisin du point de saturation de la vapeur.

Voici une seconde observation où cette influence de l'état hygrométrique n'est pas moins évidente : elle a été faite à la Maternité de Prague en mars et avril 1857. « Les premiers mois de 1857, dit le D⁣ʳ Dorr qui a relaté l'observation, furent caractérisés à Prague par des variations atmosphériques continuelles : tandis qu'à la fin de février il faisait un temps radieux et relativement très-chaud, le mois de mars fut froid et humide, et la neige fit encore à la fin d'avril une dernière apparition : ces changements furent brusques et fréquents ; le professeur Seyfert nous disait souvent, lorsqu'il faisait un temps humide et froid, nous aurons un mauvais jour, et cette prédiction se réalisait d'une manière surprenante.

« Le 8 mars, jour froid et pluvieux, sur 6 accouchements, 4 furent suivis de fièvre puerpérale. Le temps redevient beau jusqu'au 11 ; pendant ce temps (la moyenne des accouchements était de 4 ou 5 par jour) pas un cas de maladie. Le 11, vent froid et humide ; pas de pluie, mais temps brumeux ; 3 accouchements et 3 malades. Le lendemain, le temps semble vouloir s'élever : pas de vent ; 4 accouchements, pas de malades. Le 13, pluie et neige ; 3 accouchements, 2 malades. Du 13 au 19, le temps est froid et sec, et le ciel est serein dans l'intervalle ; il n'y eut qu'un seul cas de maladie, le 17. Le 19 et le 23 furent encore deux jours funestes : le 19 il plut toute la journée, et le 23 il faisait un temps des plus désagréables, un mélange de pluie et de neige : le 19, sur 5 accouchements, 4 malades, et le 23, sur 6 accouchements, 6 malades. Dans l'intervalle du 19 au 23, le temps fut relativement beau ; il n'y eut pas un cas de fièvre. »

Les observations hygrométriques n'ont pas été faites, mais pour qui a l'habitude de ce genre d'observations, temps brumeux, pluie, dégel, neige, accusent une atmosphère humide ;

au contraire, froid sec, gelée, correspondent à l'état hygrométrique inverse ; et on sera frappé de ce fait que le développement de la fièvre puerpérale a coïncidé avec le premier ordre
de phénomènes, et que l'épidémie a décru ou s'est éteinte
quand le temps est redevenu beau ou qu'il est survenu un
temps froid sec. Il semblerait que la fièvre puerpérale, comme
nous l'avons remarqué au sujet du tableau XX des maladies
zymotiques en général, trouverait dans une atmosphère humide une condition favorable à son développement, et que,
de même que l'air humide conduit mieux l'électricité que l'air
sec, il est aussi un meilleur véhicule du miasme générateur
de la métro-péritonite. Mais ce n'est pas l'analogie qu'il
faut invoquer à l'appui d'une théorie que les faits seuls peuvent établir : aussi, crois-je devoir appeler sur ce point l'attention des médecins qui sont placés à la tête des services de
femmes en couches dans les hôpitaux, et je mets bien volon-
tiers à leur disposition mes instruments d'observation.

TABLEAU XXXVI *bis.*
Décés par fièvre puerpérale à Paris.

			Décès par fièvre puerpérale en 1865.	Naissances en 1865.	Décès par fièvre puerpérale sur 1,000 naissances.	Mortalité générale à domicile sur 1,000 habitants.
Arrondissements sans hôpitaux.	Arrond. riches.	1er........	4	2.004	2,00	15,0
		2e........	7	2.067	3,38	13,0
		3e........	7	2.457	2,89	15,9
		9e........	12	2.056	5,83	10,3
	Arrond. pauvres.	17e........	4	2.690	1,49	30,8
		18e........	2	3.840	0,52	32,8
		19e........	2	3.144	0,63	31,8
		20e........	7	2.781	2,50	30,0
Arrond. riches (1er-2e-3e-9e)..			30	8.584	3,52	13,5
Arr. pauvres (17e-18e-19e-29e).			15	12.455	1,28	31,3
8 arrond. sans hôpitaux......			45	21.039	2,13	
12 arrond. avec hôpitaux			232	34.118	6,80	

Si les faits confirment cette théorie, la conséquence thérapeutique qui s'en déduirait, c'est qu'il faudrait s'appliquer à dessécher l'atmosphère des salles d'accouchements à l'aide de substances appropriées.

Le tableau XXXVI *bis* montre que la mortalité par fièvre puerpérale est en valeur absolue deux fois plus grande dans les 4 arrondissements riches que dans les 4 arrondissements pauvres. Pour avoir la proportion relative de la mortalité, il faudrait rapporter le nombre des décès dans chacun de ces arrondissements à celui des accouchements; ce dernier élément nous est inconnu; nous y avons substitué celui des naissances, chiffre peu différent de celui des accouchements, et on voit que, dans les quatre arrondissements riches il meurt à domicile 3,52 femmes pour 1.000 naissances, tandis que dans les quatre arrondissements pauvres il en meurt 1,28 seulement, presque moitié moins. Dans l'intéressante discussion qui s'est engagée à la Société de chirurgie sur la fièvre puerpérale, et qui se continue à l'heure où nous écrivons, un de nos chirurgiens les plus distingués, M. Trélat, combattant l'opinion qui invoque la misère comme cause aggravante de la mortalité des femmes en couches, concluait par ces paroles remarquables : « Hors des maternités les prédispositions individuelles s'effacent, et les couches se terminent aussi heureusement sur le dernier grabat que sur le lit le plus moelleux. » Il semble, d'après les résultats que fournit la statistique ci-dessus, qu'il faille aller plus loin et dire que, sur le lit du pauvre, les couches se terminent en général plus heureusement que sur celui du riche. C'est là un résultat d'autant plus inattendu, que le pauvre paye à Paris comme partout un plus large tribut à la mort que le riche : on voit, par les nombres inscrits dans la dernière colonne verticale, que la mortalité générale à domicile est de 13,5 pour 1.000 dans les quartiers riches (1er, 2e, 3e, 9e arrondissements), et de 31,1 dans les arrondissements pauvres, c'est-à-dire plus que double.

5· Fièvre intermittente.

Le *Bulletin de statistique municipale de Paris* constate cinq cas de décès par suite de fièvre intermittente. C'est, comme on le voit par ce chiffre, une maladie fort rare à Paris; encore faut-il ajouter que les individus qui succombent aux suites de la fièvre palustre en ont contracté le germe ailleurs, dans les pays à marais qu'ils habitaient avant de venir à Paris. Mais, si cette maladie est devenue excessivement rare dans cette ville, il faut ajouter qu'elle y était autrefois fort commune. On peut voir dans le mémoire de Morand, cité plus haut (*Histoire de l'Académie royale des sciences*, 1771), que, sous le règne de Louis XIV. en 1671, la fièvre intermittente sévit à Paris une partie de l'année, surtout pendant l'automne. Pour s'expliquer ce fait de l'existence des fièvres palustres à Paris il y a deux cents ans, il faut se souvenir que le terrain sur lequel la capitale est bâtie est en grande partie un terrain d'alluvion et qu'il a été longtemps et même à une époque peu éloignée de nous recouvert d'eau et de marécages. Grégoire de Tours dit que de son temps la plaine qui s'étend entre l'église Saint-Laurent et la Cité était souvent submergée par la Seine (1) qui n'était pas alors comme aujourd'hui contenue par des berges artificielles. Au xvii⁰ siècle, à l'époque où l'enceinte de Paris était limitée au nord par la ligne des boulevards intérieurs, de larges flaques marécageuses couvraient les bas-fonds des faubourgs Montmartre, du Temple, marais Saint-Martin. Et ces terrains sont si bien marécageux qu'en 1811, quand on creusa le canal Saint-Martin, une épidémie de fièvre intermittente éclata dans les quartiers du Temple, de la Villette et de Pantin, parmi les ouvriers occupés à remuer les terres (2).

(1) *Adeo ut inter Civitatem et Basilicam Sancti-Laurentii naufragia sæpe contingerent.* (Greg. de Tours, livre VI, chapitre 25.)

(2) Trousseau. — Clinique médicale de l'Hôtel-Dieu, tome II, page 731.

Quoi qu'il en soit, la fièvre intermittente, grâce aux travaux
d'assainissement du sol exécutés depuis cent cinquante ans,
a complétement disparu de Paris, et les quelques cas que l'on
en rencontre encore et presque exclusivement dans les hôpitaux, nous viennent des pays à marais, et notamment de
l'Algérie, où se développent chez nos soldats des fièvres et des
cachexies palustres, dont nous voyons le dénoûment dans nos
hôpitaux.

6. CHOLÉRA.

TABLEAU XXXVII.

Mortalité par saisons.

	Paris.	Londres.	Vienne.	New-York.
Hiver	18	3	9	1
Printemps ...	31	32	23	1
Eté.........	280	136	30	10
Automne	6.262	22	8	0
TOTAL....	6.591	193	70	12

TABLEAU XXXVIII.

Choléra à différentes époques.

Années.	PARIS			LONDRES			NEW-YORK			VIENNE
	Décès cholériques.	Mortalité générale.	Rapport des décès cholériques à la mortalité générale.	Décès cholériques.	Mortalité générale.	Rapport.	Décès cholériques.	Population.	Décès par 1,000 habitants.	
1832	18.402	44.119	41,7 0/0	5.275	incon.	»	3.513	197.112	17,8	»
1849	19.615	48.122	40,7 —	14.610	68.432	21,3	5.071	480.280	10,5	»
1854	7.011	40.968	17,1 —	10.708	73.697	14,5	2.059	600.000	3,4	»
1865	6.591	51.285	12,8 —	193	73.460	»	12	»	»	70

TABLEAU XXXIX.

Choléra suivant les âges à Paris

en 1865.

AGES.	DÉCÈS.			
	Sexe masc.	Sexe fém.	Total des 2 sexes.	Rapport des décès à la popul. de chaque âge.
0- 5 ans	756	670	1.426	2,28 ou 8,3
5-15	198	152	350	0,27 1
15-25	401	336	737	0,39 1,4
25-40	873	810	1.633	0,53 1,9
40-60	854	658	1.512	0,66 2,0
60 et au-dessus	382	501	883	1,14 4,1
Total	3.464	3.127	6.591	

On voit que, quand on tient compte de la composition des âges à Paris, c'est la période de 0 à 5 ans qui a payé le plus lourd tribut à l'épidémie : la période de l'enfance comprise entre 5 et 15 ans est celle qui, proportionnellement et même en valeur absolue, a perdu le moins d'individus : à partir de cet âge la mortalité augmente progressivement jusqu'à l'âge de 60 ans, et la période qui comprend les individus âgés de 60 ans ou plus est celle qui, après la première enfance, a été la plus éprouvée; en résumé, la mortalité relative a été minimum pour les enfants de 5 à 15 ans et maximum aux deux extrêmes de la vie.

TABLEAU XL.

Choléra à domicile suivant les arrondissements (1)

à Paris 1865.

ARRONDISSEMENTS	Densité de la popul. ou nombre d'habitants par hectare	RICHESSE DES ARROND. évaluée d'après			Altitude moyenne des arrondissements au-dessus de l'étiage de la Seine	Décès cholériques à domicile	Nombre de décès cholériques sur 1,000 habitants	Mortalité générale à domicile sur 1,000 habitants
		1° L'impôt foncier moyen par maison	2° La contrib. mobilière moyenne par appartement	3° Le nombre d'indigents secourus sur 100 habitants				
		fr.			mètres.			
1er Louvre.......	471	550	26.70	3.2	10	131	1.5	15
2e Bourse	841	807	28.00	2.0	11	110	1.3	13
3e Temple.......	854	453	10.95	3.2	16	179	1.8	15.9
4e Hôtel de Ville.	695	337	9.10	5.6	11	210	1.9	17
5e Panthéon	432	177	5.35	9.3	22	227	2.1	22
6e Luxembourg ..	454	345	15.25	4.1	20	131	1.3	16.8
7e Palais Bourbon	181	374	30.20	4.9	12	114	1.4	18
8e Elysée.......	183	586	80.90	2.9	26	112	1.6	13.5
9e Opéra........	504	664	46.20	2.1	27	107	1	10.3
10e Saint-Laurent .	396	409	13.50	5.4	23	205	1.8	19.8
11e Saint-Antoine .	348	209	4.75	7.2	17	360	2.9	27.4
12e Reuilly	115	129	2.80	6.6	13	249	3.8	30.8
13e Gobelins	91	69	1.10	13.9	20	213	3.7	29.7
14e Observatoire...	113	65	2.56	6.3	33	158	3	30.2
15e Vaugirard.....	80	63	2.25	6.8	10	107	1.9	27.5
16e Passy........	51	118	26.20	5.2	13	84	2.3	23
17e Batignolles....	169	126	6.85	3.9	26	423	5.6	36.8
18e Montmartre ...	204	97	2.72	4.0	42	385	3 6	32.8
19e St-Chaumont..	135	82	1.60	6.7	24	250	3.3	31.8
20e Belleville......	134	57	1.30	7.5	57	77	1.1	30.0

Nous avons fait entrer dans ce tableau, outre les décès par choléra à domicile, la mortalité générale à domicile par chaque arrondissement. Nous avons joint à ces données les éléments divers qui peuvent servir à expliquer les variations de la mortalité causée par l'épidémie; ces éléments sont la densité de

(1) Le Bulletin de statistique de l'Hôtel de Ville ne donnant pas la mortalité des cholériques à domicile, nous avons emprunté nos chiffres au rapport présenté par M. le Préfet de police à l'Académie de Médecine : le relevé de la Préfecture de police s'étend jusqu'au 14 janvier 1865.

la population estimée d'après le recensement de 1861, la richesse relative des arrondissements évaluée d'après l'impôt foncier moyen par maison, ou d'après la contribution personnelle mobilière moyenne par appartement, ou d'après le nombre des indigents secourus à domicile ; enfin nous avons donné l'altitude moyenne des quartiers, calculée, comme nous l'avons dit plus haut, à l'aide de la carte des officiers de l'état-major et de la carte de Paris dressée par l'ingénieur en chef des ponts et chaussées : les chiffres de la richesse relative ont été déduits d'un tableau publié par l'administration des contributions directes dans le *Bulletin de statistique municipale* (numéro de septembre 1865).

Avant d'entrer dans l'examen des éléments du tableau précédent, nous croyons devoir donner ici le résumé de la mortalité par choléra dans les épidémies précédentes. Le défaut de concordance de la nouvelle délimitation de Paris en vingt arrondissements rend difficile la comparaison des chiffres des décès cholériques survenus dans les épidémies antérieures à 1860 avec les décès cholériques en 1865. Nous avons dû conserver les numéros d'ordre des anciens quartiers en y ajoutant un nom qui rappelle leur situation. Pour les arrondissements annexés de l'ancienne banlieue, il a été plus facile de les classer d'après la nouvelle délimitation.

TABLEAU XLI (1).

Décès cholériques dans les 3 épidémies
de 1832, 1849, 1854.

ANCIENS ARRONDISSEMENTS	Décès cholériques sur 1.000 habit. dans les 3 épidém. 1832-41-54.	Total des décès cholériques sur 1.000 habitants. d. les épidém. 1832-49-54-65
1er Arrond (Champs-Élysées)......	26,5 p. 1.000	»
2e (Palais-Royal.—Chaussée-d'Antin)	24,8	»
3e (Les Halles.—Faubourg Poissonn.)	27,9	»
4e (Le Louvre)....................	40,0	»
5e (Faub. St-Denis et St-Martin)....	35,0	»
6e (Porte-St-Denis — Temple)	39,0	»
7e (Arcis. — Mont-de-Piété)........	55,0	»
8e (Faubourg Saint-Antoine)	49	»
9e (Hôtel de Ville. — Cité)..........	81	»
10e (Invalides. — Faub St-Germain)..	54	»
11e (Luxembourg)..................	46	»
12e (St-Marceau)..................	71	»
NOUVEAUX ARRONDISSEMENTS.		
14e (Montrouge)...................	43	46
15e (Vaugirard et Grenelle).........	48	49,9
16e (Passy et Auteuil)	45	47,3
17e (Batignolles — partie de Neuilly).	43	48,6
18e (Montmartre — La Chapelle).....	35,3	38,9
19e (La Villette)..................	36,6	39,9
20e (Belleville et Charonne)........	24,5	25,6

Nous allons maintenant revenir sur le tableau XL et rechercher quelles causes ont influé sur les variations de la mortalité dans les divers arrondissements pendant l'épidémie cholérique de 1865.

(1) Ce tableau a été formé d'après les chiffres insérés dans les documents sur l'épidémie de choléra en 1854, publié par le Ministre de l'Agriculture et du Commerce.

Influence de la densité de la population.

Une des causes sur lesquelles on a le plus insisté pour expliquer les différences que présente souvent la mortalité d'un quartier à l'autre, c'est la densité de la population. Cependant, quand on jette les yeux sur le tableau XLIII, où chaque arrondissement de Paris est inscrit avec la chiffre de sa population spécifique, on voit que cette cause est loin d'être prépondérante, et même que pour certains quartiers la mortalité semble être en raison inverse de la densité de la population. Si l'on prend, par exemple, les quatre premiers arrondissements, qui sont ceux où la population est la plus dense, et qu'on les compare aux 13e, 14e, 15e et 19e, qui sont ceux où la population est la plus clair-semée, on trouve que le nombre moyen des décès cholériques dans les quatre premiers arrodissements a été de de 1,6 sur 1.000 (à domicile), tandis qu'il a été de 2,9 dans les quatre autres; c'est presque le rapport de 1 à 2. L'influence de la densité de la population est ici masquée par d'autres causes beaucoup plus puissantes; et c'est dans l'étude de ces causes qu'il faut chercher l'explication des variations de la mortalité suivant les quartiers.

Influence de l'altitude.

Il y a longtemps qu'on a noté l'influence de l'altitude sur le développement des maladies épidémiques. « Près de la Vera-Cruz, dit M. de Humboldt, la ferme de l'Encero, que j'ai trouvée élevée de 928 mètres au-dessus du niveau de l'Océan, est la limite supérieure du *vomito*. Nous avons déjà observé plus haut que c'est jusque-là seulement que descendent les chênes mexicains, qui ne peuvent plus végéter dans une chaleur propre à développer le germe de la fièvre jaune » (1). Il est

(1) Humboldt.—Essai politique sur le royaume de la Nouvelle-Espagne, tome II, p. 771.

donc naturel de rechercher si les différences d'altitude que présente le sol de Paris peuvent rendre compte des variations de la mortalité par choléra suivant les arrondissements.

Le Dr Farr, dans son remarquable rapport sur le choléra de 1849 en Angleterre (1), a étudié cette cause avec le soin qu'il apporte à toutes ses recherches de statistique médicale, et il dit : « L'élévation du sol de Londres explique mieux que tout autre élément connu les variations de la mortalité par choléra dans cette ville : *la mortalité est en raison inverse de l'élévation.* Dans dix-neuf districts *élevés*, la proportion des décès cholériques a été de 33 pour 10.000, et dans dix-neuf districts *bas* elle a été de 100 pour 10.000. » Examinons donc si cette loi se vérifie pour Paris, dont le sol est encore plus accidenté que celui de Londres, et présente des différences de niveau plus considérables.

Paris est entouré au nord par une ceinture de collines dont l'altitude varie de 58 mètres au-dessus du niveau de la mer (plateau de l'Arc-de-triomphe de l'Étoile), à 128 mètres (Montmartre) et à 122 (Belleville) (2) : sur ces hauteurs s'élèvent les 17e, 18e, 19e et 20e arrondissements. Quand on compare les décès cholériques qu'ont fournis ces arrondissements dans les trois épidémies de 1832, 1849, 1854, avec les décès constatés dans d'autres arrondissements placés autant que possible dans les mêmes conditions d'aisance relative, de densité de la population, comme l'ancien 8e arrondissement (faubourg Saint-Antoine et Reuilly), les Gobelins et le faubourg Saint-Marceau, dont l'altitude est beaucoup moindre, on voit que la proportion des décès cholériques est notablement moins élevée dans les quatre premiers que dans les autres. La loi se vérifie pour les trois épidémies de 1832, 1849, 1854; mais elle n'est plus vraie pour l'épidémie de 1865.

---

(1) *Report on the mortality of cholera in England* 1848-49, p. LXI.

(2) Il est facile de rapporter ces hauteurs à l'étiage de la Seine, sachant que l'étiage est à 25m au-dessus du niveau de la mer.

En effet, dans les quatre derniers arrondissements, la mortalité par choléra a été de 3,4 pour 1.000, et dans les 11e, 12e, 13e, elle a été seulement de 2,6. On pourrait objecter que la population spécifique des quatre derniers arrondissements a considérablement augmenté depuis 1854 ; mais la mortalité considérée dans ces quatre arrondissements présente une anomalie que la loi précitée ne peut pas expliquer. En effet, Montmartre, dont l'altitude moyenne est presque égale à celle de Belleville, a eu cette année 3,6 décès cholériques sur 1.000, tandis que Belleville n'en a que 1,1. Il faut dire d'ailleurs que ce n'est pas seulement à Paris que cette théorie de l'influence de l'altitude sur le développement du choléra se trouve en désaccord avec l'observation ; elle a reçu récemment un grave échec de l'apparition du choléra dans des stations que leur altitude semble devoir préserver du fléau : dans l'année 1865, le choléra a éclaté à Bardonèche, petite ville de la Savoie, située à 1.318 mètres au-dessus du niveau de la mer, et y a fait de nombreuses victimes, pendant que les localités situées sur le même versant des Alpes et à une moindre altitude étaient complétement épargnées ou avaient une mortalité insignifiante. Dans le département de l'Ariége, en 1854, les deux arrondissements de Foix et Saint-Girons, qui occupent la partie montagneuse et élevée et qui sont les deux plus riches, ont eu 151 décès cholériques sur 1.000 habitants, pendant que l'arrondissement de Pamiers, qui est située dans la plaine et dont la population est beaucoup plus dense, n'avait que 55 décès pour 1.000, c'est-à-dire presque le tiers (1). Cette théorie de l'influence de l'altitude n'explique donc pas tout, et si elle est vraie dans certains cas il faut convenir qu'elle est sujette à des exceptions.

Influence de la richesse.

Quand on jette les yeux sur le tableau XL, on voit que la

(1) Voir *Documents statistiques et administratifs sur le choléra de 1854*, publiés par ordre du Ministre de l'Agriculture et du Commerce, p. 9.

mortalité par choléra dans les divers arrondissements suit
assez exactement les variations de la mortalité générale, s'élevant en général dans les arrondissements où s'élève la mortalité générale, s'abaissant dans ceux où elle s'abaisse. La
mortalité générale, comme nous l'avons montré précédemment, est en relation directe avec la pauvreté des quartiers,
et la mortalité due au choléra suit la même loi. Si nous faisons
deux groupes, l'un composé des arrondissements les plus
riches (1er, 2e, 3e, 7e, 8e, 9e), l'autre des arrondissements les
plus pauvres (5e, 12e, 13e, 14e, 15e, 17e, 18e, 19e et 20e) et que
nous calculions la mortalité moyenne par choléra, nous trou-
vons que dans le premier groupe elle est de 1,4 sur 1.000,
tandis que dans les arrondissements pauvres elle est de 3,1,
c'est-à-dire presque trois fois aussi forte. La misère et la richesse jouent donc un rôle considérable dans le développement du choléra au milieu d'une population agglomérée, et
s'il était possible de pousser plus loin nos investigations et
de pénétrer jusque dans l'intérieur des ménages pour y pour-
suivre cette enquête sur la mortalité au point de vue de l'aisance, nous trouverions sans doute que, dans les familles
pauvres où le travail est continuel, excessif et l'alimentation
insuffisamment réparatrice, où l'on se soigne tard et mal, le
choléra fait incomparablement plus de victimes que dans les
familles riches, où la santé est soumise, on le comprend, à de
moindres chances de dérangement, et où au premier symp-
tôme inquiétant on fait venir le médecin, précaution qui
n'est pas indifférente dans une maladie que l'on ne peut
traiter avec succès qu'au début.

Influence de la nature du sol.

Pour faire ressortir l'influence de l'aisance et de la misère,
nous avons choisi les arrondissements les plus riches et les
plus pauvres, et nous avons montré qu'en somme la proportion

des décès cholériques est moindre dans les quartiers riches. Mais, si, au lieu de considérer ces arrondissements pris en masse, nous les prenons isolément, nous voyons qu'il en est un, le 20e (Belleville), qui est un des plus pauvres de Paris, et où cependant à toutes les époques le chiffre des décès choléques a été extrêmement faible : dans les trois épidémies de 1832, 1849, 1854, Belleville est la partie de l'agglomération parisienne qui a eu la plus faible proportion de décès; et, en 1865, après le 9e arrondissement (Opéra), qui a eu 1 décès cholérique sur 1.000, c'est encore Belleville qui a eu le moins de morts par choléra : 1,1 sur 1.000. Ce n'est pas là, comme on voit, un fait exceptionnel; c'est un fait constant qui échappe à l'explication précédente : on a essayé de l'expliquer par l'influence de la nature du sol qui supporte le 20e arrondissement.

Quand on étudie la mortalité par départements durant les épidémies de 1832, 1849, 1854, 1865, on voit qu'il y a une portion centrale du territoire de la France qui n'a pas encore offert un seul cas de décès par choléra dans ces quatre épidémies : ce territoire est formé des départements de la Haute-Vienne, la Corrèze, la Creuse, le Lot, la Dordogne et la Lozère. Quand on rapporte la position de ces départements sur la belle carte géologique de la France, dressée par M. Élie de Beaumont, on voit qu'ils reposent sur un terrain granitique, formant comme un îlot au milieu des formations plus récentes qui l'entourent : l'immunité dont ces départements ont joui jusqu'à présent est-elle due à la constitution géologique du sol qui les constitue? C'est là une question qui ne peut être résolue que par l'observation d'épidémies à venir. Quoi qu'il en soit, l'hypothèse des influences telluriques n'a pas encore soulevé contre elle, comme celle de l'altitude, d'objection dirimante. Il s'agit maintenant d'examiner si elle peut être invoquée pour expliquer l'anomalie de Belleville.

Le bassin de Paris repose, comme on sait, sur un banc de

craie très-épais : sur cette assise fondamentale et qui nulle part ne fait défaut dans ce bassin, se superposent d'autres formations plus récentes et qui varient pour le nombre ou pour l'épaisseur des couches, suivant la station que l'on considère. C'est ainsi que, sur la rive gauche de la Seine, la seule couche qui se trouve (dans l'enceinte de Paris, bien entendu) au-dessus de la craie est le calcaire grossier, dont l'épaisseur va en diminuant des hauteurs de Montrouge jusque dans la plaine de Grenelle, où la craie n'est plus qu'à 7 ou 8 mètres au-dessous du sol. Les quartiers riverains sur le côté droit de la Seine sont formés par des atterrissements qui ont pour limite les boulevards intérieurs : à partir de cette ligne, et en s'élevant vers la chaîne des collines qui entourent Paris au nord, on retrouve le calcaire grossier comme sur la rive gauche, mais au-dessous d'un autre terrain qui n'existe pas sur cette rive, les marnes gypseuses : ces formations de gypse ou pierre à plâtre constituent la butte Montmartre, le plateau de La Chapelle et Belleville.

Ceci posé, on peut bien invoquer la différence des terrains qui composent les collines de Belleville d'une part, et les parties basses de la rive droite ou le plateau de la rive gauche d'autre part, pour expliquer l'immunité dont Belleville semble jouir à l'égard des épidémies du choléra; mais comment admettre l'explication quand on songe que Belleville et Montmartre, qui ont une constitution géologique identique, ont été frappés si différemment par le fléau? Ce simple fait réduit l'explication à néant. La difficulté subsiste tout entière, et il faut renoncer, pour Paris du moins, à cette hypothèse de l'influence des terrains, qui est aussi insuffisante que les autres à expliquer pourquoi Belleville a toujours été épargné par le choléra.

(1) Voir la carte géologique du bassin de Paris, par Cuvier et Brongniart.

Influence des eaux potables.

Nous venons de voir que ni la richesse, ni la densité de la population, ni l'altitude, ni la nature géologique du sol ne peuvent rendre compte de l'immunité relative dont Belleville jouit pendant les épidémies de choléra; et comme c'est là un fait constant qui s'est reproduit dans les diverses épidémies depuis 1832, il est naturel de croire qu'il ne dépend pas d'une cause accidentelle. Que pourrait-on invoquer encore? L'orientation de Belleville? Mais la butte Montmartre et Passy ont la même exposition sud, et on sait quel est le chiffre des décès cholériques dans le 16e et le 18e arrondissements.—Les influences météorologiques? mais elles varient suivant les saisons et d'une année à l'autre, et il n'est pas probable qu'elles eussent été favorables quatre fois de suite et à des époques différentes à une même localité, pendant qu'elles étaient défavorables à des stations contiguës. Il reste un dernier élément à examiner, nous voulons parler des eaux de Belleville, qui sont très-différentes de celles que l'on boit dans le reste de Paris : ceci nous amène à dire quelques mots de l'influence des eaux potables et particulièrement de l'eau de Seine.

Ce fleuve, comme on sait, traverse Paris dans son plus grand diamètre, et reçoit dans ce trajet les immondices de la ville : les exutoires qui débouchent dans le fleuve versent en moyenne 1 mètre cube de liquide par seconde, suivant l'évaluation de M. le professeur Dumas (1). En temps ordinaire, et quand la Seine débite son volume normal (130 mètres cubes par seconde), la qualité de l'eau ne s'en trouve pas beaucoup altérée, les impuretés se trouvant disséminées dans une masse de liquide considérable; mais, par un temps de sécheresse, et

_____

(1) Rapport fait à la Commission municipale au nom de la Commission des eaux, p. 277. Paris, 1859.

d'une sécheresse prolongée qui diminue notablement le débit du fleuve, cela peut avoir de graves inconvénients. En 1858, le niveau de la Seine s'abaissa à 83 centimètres au-dessous du zéro du pont de la Tournelle. «Ce fleuve, dit M. Dumas dans le rapport déjà cité, qui débite encore à l'étiage 75 mètres cubes par seconde, n'en donnait plus que 44; en sorte que le volume des immondices liquides versés par les exutoires de Paris dans la Seine, formait 1/44 du volume de l'eau élevée par les pompes de Chaillot, état de choses intolérable, inquiétant même, dont il faut espérer que nous ne verrons jamais le retour. »

Cet état de choses, inquiétant en effet, et dont le savant rapporteur se plaisait à espérer, en 1859, qu'on ne verrait plus le retour, il s'est de nouveau présenté, et dans les circonstances qui lui ont emprunté une gravité exceptionnelle. On sait, en effet, que le choléra épidémique a fait sa quatrième apparition à Paris dans la seconde quinzaine de septembre 1865. Or, depuis le commencement d'août, le niveau de la Seine, considérablement abaissé, oscillait autour du zéro du nilomètre du Pont Royal : à partir du 18 septembre il descendit au-dessous de ce point et s'y maintint invariablement jusqu'au 19 octobre (1), si bien que le 29 septembre, le niveau de la Seine, ce qu'on n'avait vu à aucune autre époque, marquait 0,72 sous zéro. A ce moment, la Seine ne débitait plus que 26 mètres par seconde, en sorte que l'eau élevée par les pompes à feu pour les besoins de la consommation de Paris contenaient 1/26 d'immondices liquides! Rendons justice à M. le préfet de la Seine, qui, en présence d'un état de choses qui dépassait toute prévision humaine, prescrivit dès les premiers jours d'octobre les mesures nécessaires pour en atténuer les effets.

Mais ce n'était pas là la seule cause de contamination des eaux potables. La Seine, avons-nous dit, s'était abaissée à un

(1) Bulletin de statistique municipale, nos de septembre et octobre 1865.

niveau où on ne l'avait pas encore vue, et, fait aussi inouï, elle s'était maintenue quarante-neuf jours consécutifs au-dessous de l'étiage : sous l'influence de cette sécheresse extraordinaire et de la chaleur qui la produisait, il se développa dans les eaux du fleuve une foule d'organismes qui en altérèrent gravement la composition. On lit dans les observations faites par l'ingénieur en chef sur l'état et la hauteur de la Seine en 1865 (*Bulletin de statistique municipale*) que les eaux restèrent *pures* du 1er septembre au 27 octobre. La vérité est qu'elles étaient claires; mais elles n'étaient rien moins que pures. En effet, en examinant au microscope les eaux de la Seine prises à un point quelconque de son cours dans Paris, on apercevait une quantité innombrable de végétations qu'on reconnaissait tout de suite pour des *conferves*; il n'y avait que très-peu d'animalcules, ce qui établirait une différence remarquable entre l'eau de la Seine prise dans le lit du fleuve et l'eau prise dans les bassins : M. Bouchut, qui a analysé au microscope l'eau des bassins, y a constaté la présence d'un grand nombre d'infusoires.

La présence de ces organismes végétaux en grande quantité dans une eau potable en altère nécessairement la pureté et peut devenir la source d'incommodités et même de maladies. En 1731, la Seine descendit, comme en 1865, à un niveau très-bas, et cette année fut marquée par des maladies épidémiques qui régnèrent vers la fin de l'été et le commencement de l'automne (1). Le célèbre de Jussieu, qui fut chargé de rechercher les causes de cette mortalité, remarqua que l'épidémie n'avait fait de victimes que parmi ceux qui avaient bu de l'eau de Seine : « Nous observons, dit-il (2), que les personnes qui, par

(1) La mortalité s'éleva en 1731 à 20.832 décès, nombre qui dépasse de 3,079 la moyenne annuelle des décès survenus dans les cinq années qui précédèrent, et dans les cinq années qui suivirent 1731.

(2) Voir son mémoire dans l'*Histoire de l'Académie royale des sciences*, année 1733.

la situation de leurs maisons, étaient dans les quartiers où l'on avait la facilité de n'user que de l'eau de fontaine, furent exemptes de l'incommodité que ressentirent la plupart de ceux qui étaient obligés de boire l'eau de la Seine. » Jussieu étudia au microscope la composition de cette eau, et il y constata la présence en quantité extraordinaire d'hippuris et de conferves ou mousses d'eau, comme il les appelle. Il ajoute que la qualité de l'hippuris est d'être d'une odeur très-fétide et de communiquer promptement à la main qui la touche et à l'eau dans laquelle on la met tremper une odeur désagréable et de rendre l'eau fade et dégoûtante.

Que conclure de ces faits? Que l'eau de la Seine contaminée a pu engendrer le choléra? Assurément non; mais elle a préparé le terrain, en provoquant ces dérangements intestinaux qui ne sont pas le choléra, mais qui peuvent en être le prélude. Rappelons ici l'intéressante observation de M. Bouchut : « Dans le quartier de Sèvres, où j'ai longtemps pratiqué comme médecin du bureau de bienfaisance, la diarrhée régnait souvent d'une façon presque épidémique. Beaucoup de médecins supprimaient alors l'usage de l'eau de Seine et envoyaient chercher de l'eau du puits artésien de Grenelle. Cela suffisait pour remettre les voies digestives en bon état.» J'ai été moi-même témoin d'un fait analogue. Le lycée Napoléon est alimenté par le réservoir du Panthéon, qui reçoit des eaux de Seine mélangées aux eaux d'Arcueil. J'ai vu durant l'été jusqu'à quinze élèves à la fois être pris de diarrhée cholériforme. Le médecin du lycée, M. Grisolle, prescrivait d'alcooliser l'eau des fontaines placées dans les cours et les salles, et cette simple prescription suffisait pour couper court à tout accident. Jameson, dans son rapport sur le choléra morbus dans l'Inde (1), nous apprend que les indigènes se servent, comme remède préventif, d'eau bouillie, et il cite

---

(1) *Report on cholera morbus in Bengal*, cité par M. Farr dans son rapport sur le choléra en Angleterre, p. LXXVI.

un riche propriétaire de Calcutta, qui avait un grand nombre d'esclaves à son service, et qui, dans les épidémies les plus meurtrières de choléra, n'avait pas perdu un seul de ses serviteurs, grâce à la précaution qu'il prenait de ne laisser boire à ses gens que de l'eau bouillie. Si l'on songe maintenant que dans les ménages pauvres de Paris, qui reçoivent de l'eau de la Seine, on emploie cette eau telle que les pompes la donnent, sans la soumettre à un filtrage préalable, on sera moins étonné du grand nombre de victimes que le choléra a faites dans la partie pauvre de la population. Un fait qu'il importe de faire remarquer, c'est que, dès avant l'invasion du choléra, on constatait aux mois de juillet et d'août dans les 17ᵉ et 18ᵉ arrondissements, où le fléau a fait sa première apparition, un nombre insolite de décès causés par la diarrhée, 29 dans le 17ᵉ, 25 dans le 18ᵉ.

Belleville, avons-nous dit plus haut, ne reçoit pas le même système d'eaux que Paris. Le 20ᵉ arrondissement est alimenté par les sources dites de Belleville et des Prés-Saint-Gervais. Ces sources ont un faible débit (elles donnent à peine 240 mètres cubes par jour), mais elles fournissent une eau excellente à boire, bien qu'elle soit chargée de sels calcaires.

Cheminant dans des conduites souterraines jusqu'aux fontaines de distribution, les eaux des sources du nord arrivent à une température peu élevée (8° à 12°), et elles sont exemptes de ces impuretés organiques qui souillent les eaux de la Seine et les eaux de l'Ourcq pendant l'été. Ces eaux sont l'objet d'une préférence marquée de la part de la population des quartiers où elle se distribue concurremment avec de l'eau de Seine et de l'eau d'Ourcq, et il y a longtemps que leur réputation est établie. M. le préfet de la Seine, dans son intéressant mémoire sur les eaux de Paris (1), nous apprend que

(1) Premier Mémoire sur les Eaux de Paris présenté par le Préfet de a Seine au Conseil municipal, le 4 août 1854, page 2.

les religieux des abbayes de Saint-Laurent et de Saint-Martin-des-Champs avaient de bonne heure capté ces eaux, et qu'ils les distribuaient dans les communes qui dépendaient de leurs fiefs.

Ce n'est pas seulement à Paris que l'on a observé cette influence remarquable des eaux potables sur la mortalité par choléra. A Londres, durant l'épidémie de 1854, les registraires des districts sud de la capitale, où le choléra sévissait avec le plus de violence, avaient reçu ordre, quand un cas de mort par choléra leur était signalé, de rechercher par quelle compagnie d'eau était alimentée la maison où le décès était survenu. L'enquête constata (1) que 2.284 décès étaient survenus dans des maisons qui recevaient l'eau non purifiée de la Tamise, et 294 dans des maisons qui recevaient l'eau filtrée de *Lambeth company*. Une autre enquête instituée par le *Board of health* (comité d'hygiène), et qui était dirigée par une commission dont faisaient partie MM. Arnott, Baly, W. Farr, Owen et Simon (2), confirma pleinement le résultat précédent. M. Simon, *medical officer* du *Board of health* et rapporteur de la commission, conclut en ces termes: « La population qui boit de l'eau impure paraît avoir fourni une mortalité trois fois et demie plus grande que celle qui boit d'autres eaux. (*The population drinking dirty water accordingly appears to have suffered 3 1/2 times as much mortality as the population drinking other water.*)

Influences météorologiques.

Pour apprécier l'influence des circonstances météorologiques sur la marche du choléra, il faudrait posséder un ta-

(1) 17 *th. Annual report, extr. from quarterly return*, page 94-96.
(2) En Angleterre, les enquêtes scientifiques sur des objets qui intéressent la santé publique sont confiées à des savants, non à des administrateurs.

bleau des décès cholériques survenus chaque jour à Paris,
et comparer ce tableau à celui des éléments météorologiques.
Le *Bulletin de statistique* ne donne point ce tableau, mais
nous avons le chiffre des décès de toutes sortes constatés à
Paris, et jusqu'à un certain point les variations de la mortalité générale traduisent assez fidèlement celles de la mortalité causée par le choléra. C'est cette table de la mortalité
générale qui figurera ici.

Nous la ferons partir du 15 septembre, époque où ont
éclaté les premiers cas de choléra épidémique à Paris, et
nous la terminerons au 17 novembre, date à laquelle la mortalité est revenue, à très-peu près, à son chiffre normal.

TABLEAU XLII.

Observations météorologiques pendant le choléra
de 1865 à Paris.

Jours du mois.	Mortalité génér.	Pression atmosphérique.	État hygromètr.	Température de l'air.	TÉMPÉRATURE de l'eau de Seine.		Direction du vent.	Pluie tombée.	Ozone.
					au départ réservoir de Passy.	Arrivée. Fontaine de la Boule-Rouge.			
sept.		mm.						mm.	
15	111	762,6	55	20°,7	20°,8	19°,9	E.	0	0
16	128	762,3	54	19°,7	20°,0	19°,8	E. N. E.	0	0
17	124	»	58	»	19°,8	19°,6	N. O.	0	0
18	147	765,7	64	18°,6	20°,6	19°,4	N. E.	0	0
19	114	764,9	63	19°,3	19°,8	19°,2	E. N. E.	0	0
20	113	761,0	60	18°,0	19°,6	19°,4	S. E.	0	0
21	120	758,4	62	17°,7	19°,0	19°,0	O. N. O.	0	0
22	102	762,3	67	17°,4	19°,0	18°,4	N. E.	0	0
23	104	764,8	78	15°,8	18°,4	18°,3	N. E.	0	0
24	121	»	69	»	19°,0	18°,2	E.	0	0
25	130	765,1	67	17°,8	20°,2	17°,7	E.	0	1
26	124	762,9	66	18°,6	20°,4	17°,5	E.	0	0
27	126	759,1	68	17°,0	21°,2	17°,5	E. S. E.	0	0
28	126	761,4	64	18°,7	20°,2	17°,4	S. O.	0	0
29	137	760,7	63	18°,9	20°,0	17°,3	Variable	0	0
30	159	757,8	63	17°,6	20°,0	17°,3	N. N. E.	0	2
octobre									
1er	145	»	53	»	21°,4	17°,2	»	0	6
2	170	754,6	57	17°,2	19°,8	17°,1	E. S. E.	0	2
3	219	759,5	54	16°,9	18°,8	17°,2	E.	0	1
4	230	759,4	56	15°,9	18°,8	16°,6	E.	0	3
5	176	656,5	46	13°,3	17°,4	16°,2	E.	0	1
6	232	755,2	48	11°,9	16°,2	17°,8	E.	0	0
7	249	753,3	54	14°,2	15°,2	15°,6	E. S. E.	0	3
8	284	»	63	»	16°,6	16	»	0	5
9	322	741,5	87	14°,5	16°,6	16	S. S. E.	0	10
10	302	743,2	76	14°,6	15°,8	15°,6	S. S. O.	5,46	10
11	330	745,0	71	13°,9	16°,6	15°,4	S. S. O.	0	9
12	312	750,2	73	12°,9	15°,4	15°,2	S. S. O.	0,51	8
13	341	747,1	75	12°,7	15°,8	15	E. S. E.	1,50	6
14	391	754,8	70	12°,1	15°,6	14°,8	O. N. O.	1,56	9
15	369	»	74	»	15°,8	14°,4	»	0	2
16	368	757,3	80	8°,8	15°,0	14°,0	S.	0,08	1

NOTA. — Les observations relatives à la pression atmosphérique, à la température de l'air, la direction du vent et la quantité de pluie tombée, ont été faites à l'Observatoire de Paris : l'état hygrométrique a été déterminé par moi-même, chaque jour, à l'aide du psychromètre d'August, établi au boulevard Magenta : le point de saturation de l'air est repré-

TABLEAU XLII.

Observations météorologiques pendant le choléra

de 1865 à Paris. (Suite.)

Jours du mois.	Mortalité génér.	Pression atmosphérique.	État hygromètr.	Température de l'air.	TEMPÉRATURE de l'eau de Seine.		Direction du vent.	Pluie tombée.	Ozone.
					Au départ Réservoir de Passy	Arrivée Fontaine de la Boule-Rouge.			
octobre		mm.							
17	365	745,1	85	11°,9	14°,6	14°,0	S.	1,03	1
18	331	734,4	85	12°,1	14°,4	13°,7	S. E.	2,27	»
19	365	733,0	86	9°,4	14°,2	13°,4	O. S. O.	5,84	»
20	376	745,4	71	6°,8	13°,0	12°,8	S. S. O.	2,21	»
21	383	751,3	89	9°,2	11°,8	12°,8	S.	0,0	»
22	360	»	86	»	13°,0	12°,8	»	16,7	7
23	267	746,8	85	11°,1	13°,4	12°,8	S. O.	0,49	6
24	315	756,8	80	12°,8	13°,2	12°,8	S. O.	0,33	8
25	291	749,3	70	12°,2	13°,6	12°,8	O. S. O.	1,69	9
26	273	751,1	89	11°,6	12°,6	12°,9	S.	0,56	9
27	245	738,9	84	11°,4	12°,8	13°,0	S. O.	18,3	9
28	233	745,4	76	7°,2	12°,6	13°,0	N. O.	1,8	1
29	246	»	81	11°,8	12°,7	»	2,4	0	
30	243	741,3	83	11°,3	12°,4	12°,4	S.	1,8	10
31	218	743,6	84	10°,4	12°,4	12°,3	S. S. O.	1,4	8
nov.									
1er	223	754,5	79	7°,5	12°,4	12°,0	O. S. O.	12,0	»
2	217	758,5	»	5°,0	11°,8	11°,8	S. O.	0	»
3	175	757,5	91	5°,8	11°,0	11°,6	O. S. O.	0	»
4	218	759,5	76	6°,1	11°,2	11°,4	N. O.	0,15	»
5	194	»	79	»	10°,6	11°,2	N. O.	0,0	»
6	261	758,0	90	6°,1	10°,2	11°,8	N. E.	0,08	»
7	182	757,1	91	6°,2	10°,0	11°,2	N. E.	0,05	»
8	189	749,6	89	7°,4	10°,0	11°,2	E. N. E.	2,66	»
9	174	752,3	91	5°,9	9°,2	11°,0	N. E.	25,5	»
10	168	760,4	83	6°,9	9°,2	10°,8	N. N. O	3,9	»
11	159	765,4	79	6°,0	8°,6	10°,5	O. N. O.	0	»
12	150	»	»	»	9°,4	10°,4	N. N. E	0	»
13	155	764,4	87	5°,6	8°,6	10°,3	E.	0,09	»
14	160	763,7	73	7°,0	8°,8	10°,2	S. E.	0	»
15	161	764,9	96	9°,3	9°,2	10°,3	S. S. O.	0	»
16	175	764,9	95	7°,5	9°,6	10°,2	E.	1,16	»
17	439	759,9	90	10°,4	10°,0	10°,3	S.	0,39	»

senté par 100. — Quant aux observations ozométriques, elles ont été faites à l'aide du papier Schœnbein, placé sur la tour du télégraphe, à Montmartre (154 mètres au-dessus du niveau de la mer) : je relevais le papier chaque matin à 9 heures : l'état ozonométrique de l'air est indiqué par un numéro d'ordre correspondant à l'intensité de la coloration du papier ; le n° 10 représente le degré extrême de coloration, et 0 son inaltérabilité.

Quand on jette les yeux sur le tableau précédent, on est frappé de la relation qui existe entre la variation que subit la mortalité générale vers le 10 octobre, et les variations que présentèrent les divers éléments météorologiques à cette époque. En effet, jusqu'au 8 octobre la mortalité s'était rarement élevée au-dessus de 200 décès par jour. A partir de ce jour elle prit une marche rapidement ascendante, et en quelques jours atteignit au chiffre de 391 décès (14 octobre). Examinons maintenant l'état météorologique. Le baromètre qui variait à peine de 1 à 2 mill. par jour, et qui, le 7, marquait 753, ne marquait plus le 9 octobre que 741, et se maintint jusque dans les premiers jours de novembre à un niveau moyen de 744ᵐ. L'hygromètre, qui marquait 54, 63 le 7 et le 8 octobre, marquait 87 le 9 octobre, et se maintint entre 70 et 89 pendant plus d'un mois. Le vent, dont la direction générale était au nord-est avant le 8, tourna à partir de ce jour au sud, et prit la direction résultante S.-S.-O. La pluie, qui n'était pas tombée depuis vingt-sept jours, et qui était attendue par tout le monde comme un bienfait, tomba en assez grande quantité le 10 octobre, et les jours suivants, coïncidant avec une aggravation de la mortalité. Enfin les papiers ozonés qui depuis le commencement de l'épidémie se coloraient légèrement, ou même restaient inaltérés, prirent, le 9 octobre, une teinte foncée représentant le maximum de coloration. Cette concordance des circonstances météorologiques n'a d'ailleurs rien qui doive nous surprendre. Dans nos climats, quand le vent tourne au sud, il amène presque invariablement la pluie, l'hygromètre alors marche à l'humide, et la colonne barométrique, comme chacun le sait, s'abaisse à l'approche du mauvais temps, en sorte que direction sud du vent, pluie, humidité de l'air, diminution de la pression barométrique, sont des faits connexes et congénères.

Cette coïncidence de l'aggravation de la mortalité pendant

l'épidémie avec les variations de tous les éléments météorologiques (sauf la température) est-elle accidentelle ou bien est-elle l'indice entre ces deux ordres de faits d'une relation de cause à effet ? c'est ce qu'il est impossibe de décider. Il faudrait que des observations analogues eussent été faites dans de précédentes épidémies de choléra, pour pouvoir établir un rapport entre les variations de la mortalité et celles des éléments météorologiques ; mais le choléra n'a point encore été étudié à ce point de vue. Toutefois, il est un fait sur lequel je veux appeler l'attention : c'est celui du développement du choléra coïncidant avec un état hygrométrique voisin du degré extrême d'humidité. Nous avons vu précédemment qu'il existe une relation remarquable entre la marche des maladies zymotiques et l'humidité de l'air, et le tableau précédent montre que le choléra a suivi la loi des autres maladies zymotiques. Déjà, dans l'épidémie de 1832, à Paris, Benoiton de Chateauneuf avait soupçonné que l'humidité peut jouer un rôle dans le développement de l'affection ; ayant pris dans chacun des 48 quartiers un certain nombre de rues, les unes étroites, humides, les autres larges, aérées, il trouva que le chiffre des décès était :

Rues étroites, humides...... mortalité cholérique 33,87 p. 1.000

Rues larges, aérées......... — 19,25 p. 1.000

Malheureusement cette division des rues, en rues humides ou non humides, était faite un peu arbitrairement, et sans qu'on eût recours à la seule méthode qui permette d'établir cette distinction sur des données rigoureuses, la manipulation des instruments hygrométriques.

Quant à l'état ozonométrique de l'air, on voit qu'il a subi des perturbations considérables vers le 10 octobre, et les papiers ozonés qui jusque-là restaient presque inaltérés (à Montmartre) se sont fortement colorés. Est-ce là un phénomène dû exclusivement aux variations atmosphériques qui se sont produites à ce moment et qui influent, comme on sait, sur la coloration du papier, ou faut-il y voir un effet chimique de ce miasme insaisissable répandu dans l'air et qui serait, dit-on, l'agent propagateur du choléra? C'est là une question que nous ne nous chargeons pas de résoudre. Des observations ozonométriques ont été faites sur d'autres points de Paris : nous attendrons qu'elles soient publiées, ainsi que le mouvement des décès cholériques constatés jour par jour dans les divers quartiers de Paris pendant la dernière épidémie (1).

Choléra dans ses rapports avec les autres maladies.

Sydenham, qu'il faut souvent citer quand on parle d'épidémie, avait fait la remarque que, lorsque plusieurs maladies

(1) Je me proposais de faire des observations ozonométriques dans les salles des Hôpitaux de Paris, et j'en demandai l'autorisation à M. le Directeur de l'Assistance publique, qui me répondit qu'il ne pouvait m'accorder cette autorisation, *parce que cela effraierait les malades*. Des observations ozonométriques effrayer des malades ! Assurément M. le Directeur de l'Assistance n'a jamais vu de sa vie un papier ozoné, et a pris ici Vaugirard pour Rome. Ceci me rappelle qu'il y a deux ans, comme je traversais les États Pontificaux dans un but d'exploration scientifique, les agents de la police papale découvrirent dans mes bagages un psychromètre et un baromètre anéroïde, qu'ils prirent pour des machines explosives. Je n'ai dû qu'à la haute intervention du Directeur de la police de Rome, M. Matteucci, le frère de l'illustre physicien de Pise, de n'avoir pas été arrêté comme un conspirateur, ou tout au moins reconduit par étapes et sous escorte jusqu'à la frontière italienne. A Rome, j'ai eu la bonne fortune de rencontrer un administrateur bienveillant autant qu'éclairé, qui a réparé l'erreur de ses agents et protégé mes travaux : mais à Paris, à qui pourrais-je en appeler de l'inqualifiable décision d'un administrateur autonome qui dispose des hôpitaux comme de sa propriété personnelle ? J'affirme, par l'expérience que j'en ai faite, qu'il n'est pas de pays en Europe où, à quelques exceptions près, les administrations aient aussi peu que dans le nôtre, le sentiment des égards qu'on doit au public.

épidémiques sévissent dans la même saison, il en est une qui prend le pas sur toutes les autres et a pour effet de diminuer la mortalité ordinaire qu'elles occasionnent. Ainsi, la petite vérole, qui enlevait en moyenne 1100 personnes à Londres par an au xviiᵉ siècle, n'enleva, l'année de la grande peste (1666), que 38 individus. Mais le médecin anglais se hâta trop de généraliser ce fait particulier et de poser en règle qu'en présence d'un grand fléau toutes les autres maladies épidémiques diminuent d'intensité : nous allons voir que le contraire est arrivé à Paris en 1865, pendant le choléra.

Et d'abord, à ne considérer que la mortalité générale par mois, nous voyons que le mois d'octobre, pendant lequel le choléra a eu son maximum d'intensité, reste encore le plus chargé, même après qu'on en a déduit les 4.653 décès cholériques constatés pendant ce mois. Voici, en effet quel est le mouvement de la mortalité à Paris pendant l'année 1865.

TABLEAU XLIII.

Mois.	Mortalité générale.	Décès cholér.	Mortalité générale moins les décès cholér.
Janvier........	4.039	4	4.035
Février........	3.802	4	3.798
Mars....,....	3.989	10	3.979
Avril........	4.081	5	4.076
Mai..........	3.506	10	3.496
Juin ;.......	3.172	16	3.156
Juillet	3.550	30	3.520
Août........	3.240	71	3.169
Septembre····	3.512	179	3.333
Octobre	8.951	4.653	4.298
Novembre····	4.899	1.318	3.581
Décembre,....	4.056	291	3.765

On voit que, déduction faite des décès cholériques, octobre est le mois qui présente le plus de décès. Or, quand on se reporte au tableau X *bis*, où les mois sont inscrits d'après l'ordre décroissant de la mortalité, on trouve qu'octobre est un des mois ordinairement les moins chargés, car il ne vient que le neuvième sur ce tableau. Il faut donc admettre que la mortalité moyenne de ce mois a été notablement accrue, contrairement à ce qui eût dû arriver si l'épidémie de choléra avait eu pour effet de diminuer la mortalité générale ordinaire.

Si de la mortalité générale nous passons à la mortalité spéciale, nous voyons que les maladies épidémiques qui sévissent habituellement pendant l'automne, loin de s'effacer, comme l'admettait Sydenham, en présence du choléra, ont semblé au contraire recevoir de sa présence un surcroit d'activité. Le Bulletin de Paris montre, en effet, que la fièvre typhoïde, la variole, la diphthérie, le croup, la coqueluche, l'érysipèle et la fièvre puerpérale ont présenté de septembre à octobre un redoublement d'intensité. Enfin, un dernier fait non moins singulier, c'est que le chiffre des mort-nés (1) a été notablement plus élevé dans ce même mois d'octobre que dans tout autre mois de l'année. D'après une moyenne de douze ans (1836-1848), c'est au mois de mars que l'on constate le plus de mort-nés; octobre est un des mois qui en présentent habituellement le moins.

(1) Voir plus loin, tableau 78.

§ II.

MALADIES DIATHÉSIQUES OU CONSTITUTIONNELLES.

TABLEAU XLIV.

Décès en 1865.

	PARIS.	LONDRES.	VIENNE.	NEW-YORK.
Phthisie..............	8.399	8.710	4.598	3.615
Carreau (tabes mesen-terica)............	58	1.236	»	1.432
Hydrocéphalie.........	82	1.521	1.184	793
Cancer...............	1.194	1.392	»	225
Scrofule..............	79	465	»	66
Syphilis..............	114	369	»	44
Goutte...............	»	88	»	3
Rhumatisme..........	154	454	»	48
Rachitisme..........	48	»	»	»
TOTAL..........	10.128	14.235	5.782	6.226
Rapport à la mortalité générale..........	20, 3 p. 100	19, 3 p. 100	32, 1 p. 100	25, p. 100

On remarque de grandes différences dans le chiffre des décès causés par le carreau et l'hydrocéphalie à Paris, à Londres et à New-York : il semblerait, d'après le rélevé ci-dessus, que ces deux affections soient très-rares à Paris et extrêmement fréquentes à Londres et à New-York. Il n'en est rien : le carreau et l'hydrocéphalie étant l'un et l'autre l'expression de la diathèse tuberculeuse, il arrive souvent à Paris qu'elles sont portées au compte de la tuberculose en général. Je ferai remarquer, en outre, qu'à New-York, où le carreau est désigné sous le nom de *marasmus*, on comprend sous cette dénomination non-seulement les décès par phthisie mésentérique, mais

d'autres genres de mort tout à fait différents, tels que ceux
qu'on observe sur les très-jeunes enfants qui succombent par
débilité ou par suite d'une alimentation insuffisante (*febris à*
fame) et sans qu'on trouve à l'autopsie de lésion anatomique
caractéristique : le mot *marasmus*, dans la langue médicale de
New-York, signifie tout cela, et il n'y a pas à s'étonner que le
chiffre des décès par marasme y soit aussi élevé.

TABLEAU XLV.

Décès suivant les saisons, à Londres.

	Hiver.	Printemps.	Eté.	Automne.	Total.
Phthisie................	2.246	2.323	1.933	2.208	8.710
Tabes mesenterica......	230	290	401	315	1.236
Hydrocéphalie..........	414	429	333	345	1.521
Cancer.................	325	377	351	339	1.392
Scrofule..............	116	105	139	105	465
Siphylis..............	88	88	87	106	369
Goutte................	23	24	24	17	88
Rhumatisme...........	157	106	65	126	454
Total..........	3.599	3.742	3.333	3.561	14.235

On voit qu'à Londres les décès par affections constitutionnelles sont à peu près également répartis dans toutes les saisons. Pour la phthisie, on observe qu'elle est un peu plus fréquente au printemps qu'aux autres saisons. Le rhumatisme
semble suivre la loi de certaines affections aiguës, il est plus
commun en hiver et en automne que dans l'été et le printemps.

TABLEAU XLVI.

1. Décès par Rhumatisme articulaire, (1) à Paris, en 1865.

MOIS.	SEXE MASCULIN.							SEXE FÉMININ.							TOTAL des deux sexes.
	0-5 ans.	5-15	15-25	25-40	40-60	60	TOTAL.	0-5	5-15	15-25	25-40	40-60	60	TOTAL.	
Janvier..	»	»	2	3	1	1	7	»	»	»	1	1	2	4	11
Février.	»	»	»	1	1	3	5	1	»	1	1	2	»	4	9
Mars....	»	1	1	3	1	2	4	1	1	»	2	2	1	6	13
Avril...	»	1	2	3	1	2	9	»	1	»	2	2	1	6	15
Mai....	»	1	1	1	»	1	4	»	»	1	»	»	»	3	5
Juin....	»	»	»	1	3	»	5	»	»	»	1	1	1	3	8
Juillet..	»	»	2	2	1	1	6	»	2	2	1	1	1	10	16
Août....	»	»	»	2	3	1	6	»	»	1	1	1	3	8	9
Septemb.	»	»	1	2	3	»	6	»	»	2	»	2	2	5	10
Octobre.	»	»	1	1	1	3	8	»	»	2	1	2	»	5	13
Novemb.	»	»	»	2	1	»	2	»	»	1	1	1	1	3	6
Décemb.	»	»	»	2	1	1	4	»	»	»	1	1	2	3	7
TOTAL...	»	2	10	17	19	13	61	1	4	8	14	16	18	58	122

Sans vouloir nier que le rhumatisme puisse attaquer l'enfance, nous mettrons un point de doute sur le cas de décès constaté en mars sur un enfant de 0 à 5 ans. On voit que les deux sexes présentent à peu près le même nombre de décès. Si l'on tient compte de la population de chaque âge pour évaluer la fréquence des décès par rhumatisme aux différentes périodes de la vie, on trouve que c'est au-dessus de 60 ans qu'ils sont les plus fréquents, puis vient l'âge de 40 à 60; la période de 25 à 40 ans, qu'on croit communément être la plus sujette à cette affection, est une des plus épargnées : il est bien entendu que nous parlons, non du degré de fréquence de la maladie, mais de sa léthalité.

(1) Le nombre 154, qui figure au tableau 44, comprend les décès par rhumatisme articulaire et musculaire.

TABLEAU XLVII.

2. Affections cancéreuses de toutes sortes

à Paris, en 1865.

	HOMMES.	FEMMES.	TOTAL.		HOMMES.	FEMMES.	TOTAL des 2 sexes
Janvier..	51	89	140	Août....	33	88	121
Février..	39	86	125	Septemb.	33	64	97
Mars....	46	89	135	Octobre.	43	95	138
Avril....	46	79	125	Novemb	37	85	122
Mai.....	28	74	102	Décemb.	40	75	115
Juin....	52	83	135				
Juillet..	48	91	139	Total 1865	496	998	1.494
				Prop. p. %	33 4 %	66,6 %	

Ce tableau montre que les affections cancéreuses sont notablement plus fréquentes chez la femme que chez l'homme, et cela dans la proportion de 2 à 1. C'est que le cancer s'attaque très-souvent chez la femme à des organes qui n'existent pas chez l'homme (matrice, ovaire) ou qui y existent à l'état rudimentaire (le sein); on peut bien alléguer qu'en revanche l'homme est quelquefois sujet au cancer du testicule : mais c'est là une affection incomparablement plus rare que le cancer du sein ou de la matrice, pourvu qu'on ait soin de la distinguer du tubercule du testicule avec lequel elle est souvent confondue. Voici, au surplus, le détail de la mortalité par organes sur l'homme et sur la femme.

TABLEAU XLVIII.

Décès par cancer de l'estomac, du sein, de la matrice

et autres affections cancéreuses.

	SEXE MASCULIN.							SEXE FÉMININ.							TOTAL des deux sexes.
	0-5 ans	5-15	15-25	25-40	40-60	60	TOTAL.	0-5	5-15	15-25	25-40	40-60	60	TOTAL.	
Cancer de l'estomac..	»	»	2	11	48	47	108	»	»	»	15	41	58	114	222
Cancer du sein......	»	»	»	»	»	»	»	»	»	3	14	66	57	137	137
Cancer de la matrice.	»	»	»	»	»	»	»	»	»	»	25	44	35	107	107
Autres...	2	1	5	37	183	160	388	»	1	3	98	298	240	640	1.028
TOTAL...	2	1	7	48	231	207	496	»	1	6	152	449	390	908	1.494

On voit par ce tableau que le cancer de l'estomac est aussi fréquent chez la femme que chez l'homme, et que pour les variétés de cancer non spécifiées (cancer du foie, du cerveau, de l'appareil tégumentaire, etc.) la proportion est encore plus grande chez la femme que chez l'homme. En sorte que, même en mettant à part le cancer du sein et de la matrice qui n'appartient qu'à la femme, on peut dire que la femme paraît avoir une plus grande prédisposition que l'homme pour les affections cancéreuses. On remarquera dans ce tableau quatre cas de cancer chez les très-jeunes enfants : bien que la diathèse cancéreuse ne se manifeste en général qu'après vingt-cinq ans, le fait n'a rien d'impossible si l'on songe que l'encéphaloïde n'est pas très-rare chez les jeunes enfants. En tenant compte du nombre des vivants à chaque âge, on trouve que dans le sexe masculin, comme dans le sexe féminin, la mortalité par cancer a son maximum à la période de 60 ans et au-dessus.

* * *

Mortalité par arrondissements (Cancer stomacal).

ARRONDISSEMENTS.	1er	2e	3e	9e	17e	18e	19e	20e
DÉCÈS............	3	9	14	11	18	5	5	29

Nous n'avons considéré que les arrondissements sans hôpitaux, en sorte que les décès inscrits dans ce tableau ont été constatés à domicile. Rappelons que les 1er, 2e, 3e et 9e arrondissements figurent parmi les plus riches de Paris, et les 17e, 18e, 19e, 20e parmi les plus pauvres. On ne voit pas que la richesse ou la misère ait une influence marquée sur la fréquence du cancer de l'estomac, comme on l'a soutenu; car, si la mortalité est notablement plus élevée dans les 17e et 20e arrondissements que dans chacun des arrondissements réputés riches, en revanche elle est moindre dans le 18e et le 19e réunis que dans le 9e arrondissement. On remarquera le chiffre élevé des décès par cancer stomacal dans le 20e arrondissement. Y a-t-il erreur de diagnostic, ou bien, le chiffre étant exact, y a-t-il des causes prédisposantes pour les habitants de cet arrondissement? Nous l'ignorons.

* * *

Syphilis.

Par des raisons qu'il est inutile de développer ici et que chacun comprendra, le nombre 114 des décès par syphilis est loin de représenter la totalité des morts survenues par cette cause. Nous nous bornerons à cette simple remarque, que, sur les 114 cas constatés, 95 appartiennent à des enfants âgés de moins de 5 ans.

3. PHTHISIE PULMONAIRE.

TABLEAU XLIX.

Mortalité suivant les saisons.

Saisons.	Paris.	Londres.	Vienne.	New-York.
Hiver.............	2.179	2.246	1.261	1.000
Printemps........	2.243	2.323	1.532	809
Été..............	1.896	1.933	933	942
Automne.........	2.081	2.208	872	879
TOTAL...........	8.399	8.710	4.598	3.630
Rapport à la mortalité générale....	16,3 p. 100	11,80 p. 100	25,5 p. 100	14 p. 100

On voit qu'à Paris, à Londres et à Vienne la mortalité par phthisie pulmonaire est un peu plus élevée au printemps qu'en toute autre saison. Cela tient, comme nous l'avons fait remarquer plus haut à ce que la mortalité est un peu plus considérable en avril que dans les autres mois. New-York semble un peu s'écarter de cette loi; il est vrai qu'il faut tenir compte des différences de climat qui peuvent modifier les variations de la mortalité. Voici maintenant le mouvement mensuel de la mortalité par phthisie à Paris. Ce tableau, embrassant la mortalité de dix ans, fera mieux ressortir l'influence des saisons sur la terminaison fatale de cette maladie.

TABLEAU L.

Mortalité par phthisie, à Paris, pendant 10 ans
(1839-1848).

Mois.	Décès par mois vrai.	Décès par mois de 30 j.
Janvier............	1.779	1.721
Février............	1.735	1.857
Mars.............	2.174	2.103
Avril.............	2.230	2.230
Mai.............	2.148	2.078
Juin.............	1.884	1.884
Juillet...........	1.690	1.635
Août.............	1.695	1.636
Septembre	1.533	1.533
Octobre.........	1.577	1.525
Novembre........	1.585	1.585
Décembre........	1.693	1.638

On voit qu'à Paris la mortalité par phthisie est maximum en avril et minimum en octobre. Ce résultat de la statistique, pour une maladie facilement diagnosticable et donnant peu de prise à l'erreur, réfute suffisamment l'opinion généralement répandue que l'automne, la saison de la chute des feuilles, est fatale aux phthisiques, et que le retour du printemps est favorable au rétablissement de leur santé. Quelle peut être la cause de cette grande mortalité des phthisiques en avril? Nous croyons qu'il faut l'attribuer aux brusques variations de la température qui surviennent à cette époque de l'année. Quand on jette les yeux sur le tableau V, qui représente l'état météorologique de Paris en 1865, on voit que la température, qui était de 3°,6 en janvier, 2°,4 en février, 2°,4 en mars, s'est brusquement élevée à 15°,9 en avril; mais, pour mieux apprécier cette influence des variations brusques de la température, il faudrait noter les écarts d'heure en heure dans la journée et les comparer à la mortalité par phthisie jour par jour : mais les éléments d'une semblable comparaison nous font défaut.

TABLEAU LI.

Mortalité par phthisie pulmonaire à Paris en 1865
suivant le sexe et l'âge

MOIS.	SEXE MASCULIN.							SEXE FÉMININ.							TOTAL. des deux sexes
	0-5 ans.	5-15	15-25	25-40	40-60	60	TOTAL.	0-5	5-15	15-25	25-40	40-60	60	TOTAL.	
Janvier..	12	13	68	152	109	28	382	25	18	68	161	74	16	362	744
Février..	19	4	73	111	96	23	326	19	8	86	143	56	15	327	653
Mars ...	24	9	65	162	119	25	404	23	25	105	149	65	11	378	782
Avril ...	19	20	104	148	139	29	459	27	17	95	161	65	19	384	843
Mai.....	19	17	65	136	121	23	384	25	20	89	162	84	11	391	772
Juin....	21	9	66	118	99	21	334	22	17	73	114	49	19	294	628
Juillet ..	26	6	63	95	108	17	315	19	17	90	137	48	13	324	639
Août....	15	12	58	126	87	24	322	19	12	75	110	62	17	295	617
Septemb.	27	6	50	112	120	16	331	20	10	60	139	70	10	309	640
Octobre.	25	10	65	145	103	22	370	31	15	88	136	77	11	358	728
Novemb.	21	9	64	114	98	21	327	19	9	63	141	53	14	299	626
Décemb.	20	10	57	162	123	17	389	12	15	80	132	83	16	338	727
TOTAL...	248	125	795	1581	1322	269	4340	261	183	972	1685	786	172	4059	8.399

TABLEAU LII.

Mortalité par âge des deux sexes réunis.

Ages.	Décès par phthisie dans des 2 sexes.	Nombre des vivants de chaque âge sur 10,000 habitants.	Rapp. des décès par phthisie à la populat. de chaq. âge.	
0- 5 ans.	509	645	0,79	3
5-15	308	1.286	0,24	1
15-25	1.767	1.855	0,95	4
25-40	3.266	3.139	1,04	4,3
40-60	2.108	2.291	0,92	3,9
60 et au-dessus.	441	777	0,57	2,3

(ou)

Le tableau LII montre que c'est au mois d'avril qu'a eu lieu le plus grand nombre de décès par phthisie survenus en 1865 : la proportion serait relativement plus forte pour ce mois si l'on avait soin de rapporter la mortalité à des mois moyens de trente jours. Ce même tableau fait voir que le sexe masculin a eu plus de décès que le sexe féminin. C'est là un fait exceptionnel, car il est établi par des relevés faits à différentes époques que le sexe féminin fournit à la phthisie un plus grand nombre de décès que le sexe masculin ; cela est vrai à Paris et dans le reste de la France, comme le démontrent les nombres suivants :

TABLEAU LIII.

Décès par Phthisie.

	A PARIS pendant 3 ans (1816-1819).	A PARIS pendant 3 ans (1854-1856).	EN FRANCE sur 339.145 décès relevés en 1858-1859-1860.
Hommes.........	3.965	6.620	17.095
Femmes.........	5.577	7.036	18.564
TOTAL......	9.542	13.656	35.659
Décès masc. s. 100	41 p. 100	48 p. 100	48 p. 100
Décès fém. sur 100	59 p. 100	52 p. 100	52 p. 100

Le tableau LII montre que la mortalité relative par phthisie est maximum de 25 à 40 ans et minimum de 5 à 15 ans : elle est, eu égard au chiffre de la population de chaque âge, quatre fois plus fréquente de 25 à 40 ans que de 5 à 15. On voit que, dans la première enfance, elle est représentée par un chiffre assez élevé, en admettant que la statistique soit exacte, car le diagnostic de la phthisie pulmonaire ne laisse pas que de présenter quelques difficultés chez les jeunes enfants, et il se pourrait que quelque erreur se fût ainsi glissée dans les relevés.

Le tableau LIII montre, comme nous le disions, que la phthisie est plus commune chez la femme que chez l'homme. Cela tient vraisemblablement à nos habitudes sociales qui obligent la femme à vivre plus retirée que l'homme dans l'intérieur de la famille, s'il est vrai qu'on puisse assimiler la femme aux espèces animales (le singe, la vache), chez qui la réclusion développe la phthisie. Nous verrons qu'en revanche la femme est un peu moins sujette que l'homme aux affections aiguës des organes respiratoires, lesquelles dépendent des influences de l'air extérieur.

TABLEAU LIV.

Mortalité par arrondissements et à domicile.

Arrondissements.		Décès par phthisie.	Sur 1,000 habitants.
Riches....	1er	231	2,5
	2e	189	2,3
	3e	276	2,7
	9o	220	2,0
Pauvres...	17e	220	2,9
	18e	531	5,0
	19e	322	4,2
	20e	324	4,4
4 arrondissement riches............		916	2,3
4 arondissements pauvres..........		1.397	4,1

Ce tableau montre que dans chacun des 4 arrondissements pauvres sans hôpitaux la mortalité est plus élevée que dans l'un quelconque des 4 arrondissements riches aussi sans hôpitaux. On voit de plus qu'en somme la proportion des décès est presque deux fois aussi grande dans les quartiers pauvres que dans les quartiers riches.

Revenons maintenant au tableau XLIX qui donne la mortalité par phthisie dans les différentes capitales. Nous voyons qu'à Vienne elle est très-élevée; à New-York, elle est de 14 pour 100 de la mortalité totale; il faut ajouter qu'elle a beaucoup diminué depuis 40 ans dans cette ville où, d'après un relevé que j'ai sous les yeux (1), et qui date de 1827, la mortalité par phthisie à New-York était en moyenne de 1 sur 4,8 décès au total, tandis qu'elle est aujourd'hui seulement 1 sur 7,4, proportion plus élevée qu'à Londres. On voit qu'à New-York, ville située au bord de la mer, on meurt de la phthisie autant qu'à Londres qui est située à l'intérieur des terres. Voici une statistique des décès par cause de phthisie dans quelques comtés maritimes ou terranéens de l'Angleterre; elle montre que les populations du bord de la mer ne sont pas moins sujettes que les autres à la phthisie :

Comtés maritimes situés sur la côte méridionale de l'Angleterre.	Kent Sussex. Hamps. Dorset. Devon.	en moyenne : 1 décès par phthisie sur 7,9 au total.
Comtés de l'intérieur................	Warwick Buckinghamshire. Worcester. Oxford.	1 décès par phthisie sur 9,2 au total.

Il serait à désirer que l'on possédât des relevés statistiques de la mortalité par phthisie dans nos stations hivernales de la côte de la Méditerranée (2); on verrait que l'habitude d'envoyer des malades dans ces stations, sous prétexte qu'on y meurt moins qu'ailleurs de la phthisie, comme le croyait Laënnec, ne repose sur aucune donnée sérieuse. Les phthi-

(1) Statist.-tables by N. Niles, M. D. and John Russ, M. D. New-York 1827.

(2) Ce n'est pas des administrations locales qu'il faut attendre ce document. La municipalité de Nice cache le chiffre de ses décès par phthisie avec le même soin que Versailles en cas de choléra, cache celui de ses cholériques.

siques qu'on envoie à Nice et à Cannes ou même sur les bords du Nil, sur la foi d'un passage de Celse, y meurent comme ceux qui restent sous le ciel natal. Ceux-là seuls en reviennent guéris, chez qui le mal n'était pas sans ressources et qui auraient guéri partout ailleurs.

Ce n'est pas que je veuille nier absolument l'influence du milieu sur la marche de la tuberculisation, mais ce qu'il faut consulter et ce qui domine dans la question du choix des stations pour les phthisiques, ce sont les variations ou les écarts de la température, et non le chiffre des décès par phthisie dans ces stations; car autrement il faudrait diriger ces malades vers l'Islande, où la phthisie est si parfaitement inconnue qu'il n'y a pas même de nom dans la langue du pays pour désigner cette affection (1). Rappelons ici ce que nous avons dit plus haut, que ce n'est pas tant le froid que les variations brusques de température qui sont fatales aux phthisiques. C'est à ce point de vue qu'il conviendrait d'étudier les stations hivernales; mais il faudrait se garder de poser en règle absolue que les climats maritimes sont tous des climats uniformes, où la température ne varie qu'entre des limites très-étroites, car nous savons que New-York, bien qu'au bord de la mer, est pourtant un climat excessif en ce sens qu'on y voit la température varier dans l'année de — 16°,6 à + 35°, et dans un même mois (janvier 1864) de — 16°,6 à + 12°.

(1) Je dois ce renseignement à mon ami, le Dr Leared, médecin de *Great Northern hospital* de Londres, qui a visité récemment l'Islande, et à qui le Dr Ajaltalin, établi depuis longtemps dans l'île, a affirmé le fait.

§ III.

MALADIES DU SYSTÈME NERVEUX.

TABLEAU LV.

Mortalité suivant les saisons en 1865.

Saisons.	Paris.	Londres.	New-York.	Vienne.
Hiver............	1.733	2.270	»	»
Printemps......	1.719	2.028	»	»
Été.............	1.452	1.653	»	»
Automne........	1.749	1.941	»	»
TOTAL......	6.653	7.892	3.571	»
Rapport à la mortalité générale..	12,9 p. 100	11 p. 100	14 p. 100	»

Les maladies que nous rangeons sous ce titre sont la méningite, la fièvre cérébrale, l'apoplexie, le ramollissement, l'aliénation mentale, l'épilepsie, la paralysie, le tétanos, les convulsions de l'enfance, les convulsions puerpérales et la congestion cérébrale (1). Nous avons dû laisser de côté quelques autres affections qui ne figurent pas sur les bulletins des 4 villes, afin de ramener autant que possible la mortalité à une formule commune. Pour Vienne nous n'avons que des renseignements incomplets sur les maladies du système nerveux.

Ce tableau montre que les maladies du système nerveux, comme les maladies diathésiques, se ressentent peu de l'influence des saisons. Il y a cependant une différence sensible dans la proportion des décès survenus l'hiver et l'été ; nous

_____

(1) Nous avons rangé parmi les maladies cérébrales la congestion sanguine, qui est inscrite par erreur au bulletin de statistique municipale de Paris, parmi les maladies du cœur. J'ajouterai que dans la pratique, la congestion cérébrale est souvent confondue avec l'apoplexie.

allons examiner cette influence sur une maladie spéciale,
l'apoplexie cérébrale.

TABLEAU LVI.

Apoplexie cérébrale. — Mortalité par saisons.

SAISONS.	PARIS.		LONDRES.	NEW-YORK.	VIENNE.
	Apoplexie.	Congestion.			*Schlagfluss.*
Hiver...........	309	153	517	91	93
Printemps.....	255	166	424	90	42
Eté...........	240	111	397	107	39
Automne,.....	328	193	473	81	49
TOTAL.......	1.132	623	1.811	369	223

On voit qu'à Paris, à Londres et à Vienne l'apoplexie cérébrale est plus fréquente en hiver et en automne que pendant
l'été et le printemps. A New-York au contraire il semblerait,
si les relevés de cette ville sont exacts, que la mortalité par
apoplexie est un peu plus élevée pendant l'été ; je ferai remarquer que le maximum mensuel des décès par apoplexie
dans cette ville a eu lieu au mois d'août, et que dans ce mois
la température s'est élevée à 36°,11 ; mais le froid excessif
semble aussi avoir une influence marquée. Le 2 janvier 1864
il y a eu 4 décès par apoplexie à New-York (la moyenne est
de 1 par jour). Ce jour-là la température marquait 2° Fahr.
ou — 16°,67 centigrades.

L'apoplexie cérébrale semble être plus fréquente chez
l'homme que chez la femme. A Paris, sur 1132 cas d'apoplexie,
il y en a 667 masculins et 465 féminins. Pour la congestion
sanguine, la proportion des décès chez l'homme est de 355,
contre 268 chez la femme. A New-York, sur 369 décès par

apoplexie, on en constate 205 chez l'homme, 164 chez la femme.

L'apoplexie est incomparablement plus fréquente dans la vieillesse qu'à toute autre époque de la vie. Voici en effet le relevé par âges des décès par apoplexie à Paris et à New-York.

TABLEAU LVII.

Paris.			New-York.		
AGES.	NOMBRE des décès.	PROPORTION relative.	AGES.	NOMBRE des décès.	PROPORTION relative.
0- 5 ans	7	»	0- 5	44	»
5-15	3	»	5-20	9	»
15-25	12	1	20-30	27	1
25-40	62	3	30-40	60	3,6
40-50	360	26	40-50	47	5,3
60 et au-dess.	698	150	50-60	62	14
			60-70	75	37
			70-80	32	51
			80-90	10	66
			90-100	0	»
			Age inconnu	3	»

Bien que l'apoplexie cérébrale ne soit pas impossible dans l'enfance (MM. Rilliet et Barthez en citent dans leur ouvrage 14 cas chez des enfants de 3 à 12 ans), nous avons cru devoir réserver comme suspects les chiffres des décès constatés aux deux premières périodes de la vie. Ces cas mis de côté, on voit que l'apoplexie cérébrale va en augmentant avec l'âge, et qu'à Paris elle est 150 fois plus fréquente chez les vieillards au-dessus de 60 ans qu'à la période de 15 à 25 ans. Les nombres qui représentent les proportions relatives des décès aux différents âges ont été obtenus en divisant le nombre des décès de chaque âge par celui des vivants de cet âge (voir tableau II et III).

§ IV.

MALADIES DU CŒUR.

TABLEAU LVIII.

Mortalité suivant les saisons.

	PARIS.	LONDRES.	VIENNE.	NEW-YORK.
Hiver.........	377	1.076	119	146
Printemps....	365	804	101	135
Eté..........	330	708	77	138
Automne.....	386	868	89	128
TOTAL......	1.458	3.456	386	547
Rapport à la mortal. gén.	2,8 p. 100	4 p. 100	2 p. 100	2,1 p. 100

Pour former le tableau des maladies du cœur à Paris, je me suis écarté des indications du *Bulletin de statistique municipale* qui fait entrer dans cette classe la congestion sanguine, l'anémie, la chlorose et autres affections que j'ai classées ailleurs : j'ai dû rejeter comme suspect le chiffre des décès par *cardite* qui s'élève à 197. Comment croire qu'une maladie qui est à peine connue, tant elle est rare, et qui, de l'avis de M. le professeur Grisolle (1), juge dont personne ne contestera la compétence, est absolument indiagnosticable, comment croire, dis-je, que cette maladie puisse fournir 197 cas de décès par an ? Il y a là certainement une inexactitude, et je me suis convaincu qu'elle tient à la manière dont la cause de décès est constatée. Quand un individu succombe

(1) Traité de pathologie interne, tome 1, page 438, 8e édition.

à une affection cardiaque mal déterminée, et que le médecin
vérificateur des décès s'enquiert de la cause de la mort, on
lui répond que le malade a succombé à une inflammation du
cœur (on sait quel rôle le mot inflammation joue dans la
langue médicale des gens du monde). Le médecin, pour
donner à ce diagnostic une couleur scientifique, le revêt d'un
nom savant, et inscrit *Cardite* sur la feuille de décès ; mais
le diagnostic n'a pas acquis pour cela une plus grande préci-
sion, et il vaudrait mieux, comme le fait à Londres le Dr Farr,
qu'on inscrivit ces cas de décès mal déterminés sous le titre
général de *Maladies du cœur.*

On remarquera dans le tableau ci-dessus, que le chiffre des
décès varie peu avec les saisons. Cela se comprend. Le cœur
est abrité par sa position centrale contre l'influence des variations atmosphériques qui agissent puissamment sur d'autres
organes. Toutefois, cette protection n'est pas absolue. On voit
que la proportion des décès est un peu plus élevée dans la
saison froide que dans la saison chaude. Ce résultat concor-
derait avec les expériences de M. Leblanc, qui a pu provoquer artificiellement la péricardite sur des chevaux, en faisant agir le froid sur la région du cœur.

Les maladies du cœur attaquent à peu près également les
deux sexes. A Paris le nombre des décès masculins est de
725, celui des décès féminins 733. A New-York, il y a 281
hommes pour 266 femmes.

On remarquera que la mortalité par affections cardiaques
est peu considérable, résultat qui semble assez étonnant,
quand on songe que de tous nos organes le cœur est celui qui
est le plus actif; pour les autres muscles, pour les autres organes, il y a des instants de relâche. Le cœur seul ne cesse
pas un instant de fonctionner. Pour lui, comme le disait
Corvisart, il y a rigoureusement pérennité d'action, et cependant la mort par le cœur est, de toutes les causes de mort
organiques, la moins fréquente.

La statistique des décès par maladies du cœur nous inspirant peu de confiance, nous nous en tiendrons aux indications numériques qui précèdent.

§ V.

MALADIES DES ORGANES RESPIRATOIRES.

TABLEAU LIX.

CAUSES des décès.	PARIS.	LONDRES.	VIENNE.	NEW-YORK.
Bronchite, Catarrhe	3.551	7.265	»	441
Asthme.........	305	490	»	53
Grippe (influenza).	0	36	»	0
Pneumonie.......	3.173	3.600	»	1.831
Pleurésie.........	249	152	1.283	95
Autres...........	258	1.038	»	52
TOTAL......	7.536	12.581	»	2.479
Rapport à la mortalité générale..	14,7 p. 100	17 p. 100	7,1 p. 100	9,9 p. 100

TABLEAU LX.

Mortalité par saisons.

SAISONS.	PARIS.				LONDRES.				NEW-YORK.			
	Hiver.	Print.	Été.	Aut.	Hiver.	Print.	Été.	Aut.	Hiver.	Print.	Été.	Aut.
Bronchite	2.240	897	562	852	3.217	1.512	626	1.910	105	84	100	152
Asthme	11	59	49	86	252	88	37	107	»	»	»	»
Grippe	»	»	»	»	20	6	1	9	»	»	»	»
Pneumonie	1.237	859	410	667	1.171	843	474	1.112	631	490	278	432
Pleurésie	77	60	57	55	42	41	23	46	»	»	»	»
TOTAL	2.665	1.875	1.078	1.660	4.708	2.490	1.461	3.484	736	574	378	584

Le tableau LIX montre que les maladies des organes respiratoires donnent presque partout une forte proportion de décès; et si, à l'exemple de quelques auteurs, on fait rentrer dans cette classe les décès par phthisie, que nous avons rangés parmi les décès causés par les maladies constitutionnelles, on trouve que les maladies des organes respiratoires enlèvent:

à Paris......... 31 p. 100 de la population.
à Londres....... 28   —   —
à New-York..... 23,9   —   —
à Vienne........ 32,5   —   —

1. PNEUMONIE.

TABLEAU LXI.

Influence de l'âge.

PARIS (1865).

AGES.	0-5	5-15	15-25	25-40	40-60	60 et au-dessus
Nombre des décès...	880	85	134	300	655	1.119
Rapport des décès au nombre des vivants de chaque âge,...	1,36 ou 34	0,04 1	0,07 1,9	0,09 2,2	0,29 7,2	1,44 36

LONDRES (1865).

AGES.	0-20 ans.	20-40	40-60	60-80	80-100
Nombre des décès.	2.664	263	369	277	27
Rapport à la population de chaq. âge	8	1	2,5	9,2	9

NEW-YORK (Période de 10 ans, 1854-64).

AGES.	0 1 an.	1-5	5 10	10-20	20-30	30-40	40-50	50-60	60-70	70-80	80-90	93-100
DÉCÈS.	4.308	3.816	548	356	850	1.065	972	793	667	370	98	12
Rapp. à la popul. de ch âge	,63	18	2,4	1	1,8	3,3	5,8	9	17	31	35	31

Ce tableau montre que si l'on tient compte de la population de chaque âge (voir tableau II et III), à Paris la mortalité par pneumonie est minimum à la période de 5 à 15 ans, maximum dans la première enfance et la vieillesse. Pour les enfants de 0 à 5 ans elle est 34 fois plus meurtrière, et chez les vieillards 36 fois plus que chez les adolescents de 5 à 15 ans.

A Londres on voit que la mortalité augmente avec l'âge, mais comme à Paris elle est maximum aux deux extrêmes de la vie.

A New-York elle serait minimum à la période de 10 à 20 ans comme à Paris, maximum chez les enfants âgés de moins de 1 an.

TABLEAU LXII.

Mortalité par mois, par sexe et par âge, à Paris

DÉCÈS PAR PNEUMONIE.

MOIS.	SEXE MASCULIN.							SEXE FÉMININ.							TOTAL des deux sexes.
	0-5 ans.	5-15	15-25	25-40	40-60	60	TOTAL.	0-5	5-15	15-25	25-40	40-60	60	TOTAL.	
Janvier..	74	1	6	17	35	72	205	59	9	9	16	35	118	246	451
Février..	52	6	11	22	40	55	186	52	4	9	13	31	74	183	369
Mars....	58	4	14	20	38	51	185	60	5	13	18	37	99	232	417
Avril ...	48	5	8	24	83	75	243	58	4	6	11	36	83	198	441
Mai.....	37	1	5	19	40	37	139	29	5	2	9	16	45	106	245
Juin....	27	5	4	12	20	28	96	21	2	6	8	20	20	77	173
Juillet ..	24	1	2	12	21	27	87	20	4	1	2	14	32	73	160
Août....	17	3	2	10	26	15	73	21	1	3	3	5	15	48	121
Septemb.	21	2	4	11	10	15	63	24	3	5	7	11	16	66	129
Octobre.	25	0	5	13	32	39	114	17	5	5	9	20	36	92	206
Novemb.	29	3	2	18	22	36	110	24	5	6	8	14	35	92	202
Décemb.	48	5	2	11	33	39	138	35	2	4	7	16	57	121	259
TOTAL..	460	36	65	189	400	489	1639	420	49	69	111	255	630	1534	3.173

On voit par ce tableau que la mortalité est un peu plus forte pour le sexe masculin que pour le sexe féminin. On remarquera qu'aux deux périodes 25 à 40 et 40 à 60, la mortalité par pneumonie est presque deux fois aussi élevée chez l'homme que chez la femme, l'homme à cette période de la vie étant plus exposé aux intempéries des saisons. En revanche, au-dessus de 60 ans la pneumonie devient plus meurtrière chez la femme que chez l'homme. On a dit, en se fondant sur des statistiques d'hôpital, que la pneumonie est plus fréquente chez la femme que chez l'homme ; mais la mortalité aux hôpitaux n'est pas la même qu'en ville ; il s'établit des compensations qui souvent renversent le rapport de la mortalité des sexes. Au surplus, ce que nous disons de la mortalité par sexe s'applique seulement à l'année 1865, et peut être modifié par la mortalité des années suivantes.

TABLEAU LXIII.

Mortalité par arrondissements à domicile
à Paris, en 1865.

ARRONDISSEMENTS.		NOMBRE DES DÉCÈS par Pneumonie.	PROPORTION DES DÉCÈS sur 1.000 habitants.
Riches..	1er	74	0,82
	2e	90	1,10
	3e	90	0,90
	4e	81	0,75
Pauvres..	17e	77	1,02
	18e	243	2,30
	19e	129	1,75
	20e	134	1,90
4 arrondissements riches		335	0,89
4 arrondissements pauvres ..		583	1,74

Ce tableau montre que la proportion des décès par pneumonie est environ deux fois plus grande dans les arrondissements pauvres que dans les arrondissements riches.

§ IV.

MALADIES DE L'APPAREIL DIGESTIF.

TABLEAU LXIV.

Mortalité suivant les saisons.

	PARIS.	LONDRES (1)	NEW-YORK.	VIENNE.
Hiver...............	1.198	952	»	286
Printemps..........	1.379	1.483	»	418
Eté.................	2.425	3.042	»	422
Automne...........	1.818	1.281	»	215
TOTAL........	6.820	6.758	3.600	1.341
Rapport à la mortalité générale..........	13,3 p. 100	9,2 p. 100	14 p. 100	7,3 p. 100

Ce tableau montre que partout la mortalité est maximum en été. Cela ne veut pas dire que pour toutes les maladies de l'appareil digestif la mortalité est la plus grande dans la saison chaude. Il y aurait un départ à faire ici et on trouverait que pour le plus grand nombre la mortalité se trouve également répartie dans toute l'année. La diarrhée ou plus généralement le catarrhe intestinal qui sévit souvent épi-

(1) Nous avons classé parmi les maladies de l'appareil digestif, la diarrhée et la dysentérie que le Bulletin de Londres range parmi les maladies zymotiques.

démiquement l'été, transporte le maximum de la mortalité générale dans cette saison.

Nous allons donner maintenant le mouvement des décès par cause spéciale de maladies pour Londres et New-York ; nous avons peu de confiance dans le tableau des décès de Paris, d'où nous avons dû exclure certaines maladies comme le choléra, l'angine diphthérique, la péritonite (suite de couches), pour former le total des décès pour cette ville.

TABLEAU LXV.

	LONDRES.					NEW-YORK.
	Hiver.	Print.	Été.	Aut.	Total.	
Choléra infantile.....	»	»	»	»	»	1.311
Gastrite.............	18	20	29	22	89	155
Entérite.............	66	101	93	62	322	631
Péritonite...........	80	73	56	39	248	»
Ascite.,.,.........	46	47	27	46	166	»
Ulcération intestinale.	27	23	38	38	126	20
Hernie	48	28	32	38	146	14
Iléus...............	43	41	41	39	164	3
Hépatite............	39	59	50	54	202	189
Ictère..............	42	49	68	52	211	»
Diarrhée	163	706	2.186	502	3.557	755
Dysentérie..........	22	22	37	29	110	422
Autres..............					1.417	100

Le nombre des décès par iléus à Londres est de 164 ; c'est une affection qui n'est pas très-commune, et ce chiffre élevé laisse supposer qu'il y a quelque cause d'erreur. Je ne serais pas éloigné de croire que la plupart de ces décès d'iléus ne sont autre chose que des cas de choléra sporadique méconnus.

Nous allons donner ici le tableau des décès par diarrhée et catarrhe intestinal à Paris pendant l'année 1865. Ce tableau complétera celui que nous avons donné sur le choléra.

TABLEAU LXVI.

Diarrhée et Catarrhe intestinal

à Paris 1865.

MOIS.	SEXE MASCULIN.	SEXE FÉMININ.	TOTAL des deux sexes.
Janvier....................	107	130	237
Février....................	119	87	206
Mars.......................	158	113	271
Avril......................	125	129	254
Mai........................	141	173	314
Juin.......................	184	167	351
Juillet....................	313	265	578
Août.......................	300	295	595
Septembre	352	295	617
Octobre....................	346	332	678
Novembre...................	180	183	363
Décembre...................	161	149	310
TOTAL............	2.486	2.318	4.804

On remarquera que la diarrhée et le catarrhe intestinal ont un chiffre de décès beaucoup plus élevé pendant les mois de juillet, août, septembre et octobre, que pendant le reste de l'année. Un fait que je signalerai en passant, c'est que la diarrhée régnait épidémiquement dans le 18e arrondissement (Montmartre) dès le mois de juillet, et y faisait trois fois plus de victimes que dans tout autre arrondissement. Cela aurait-il une relation avec l'invasion du choléra, qui, comme on le sait, a débuté cette année par le 18e arrondissement?

§ VII.

MALADIES DES ORGANES GÉNITO-URINAIRES.

Les bulletins donnent peu de détails sur les décès des organes génito-urinaires : nous nous bornerons à donner le résumé suivant :

	Hommes.	Femmes.	Total des 2 sexes.	Rapport à la mortalité totale.
Paris.......	378	308	686	1,2 p. 100.
Londres....	»	»	1.356	2,0 —
NEW-YORK...	»	»	304	1,3 —

Nous voyons que l'appareil génito-urinaire donne une proportion de décès peu considérable. La maladie de Bright figure à New-York pour un chiffre de 293; la pierre à Londres (sans autre indication) pour un chiffre de 32 décès.

————

§ VIII.

DÉBILITÉ OU VICES DE CONFORMATION.

TABLEAU LXVII.

Décès constatés en 1865.

	PARIS.	LONDRES.	VIENNE.	NEW-YORK.
Naissance prématurée.	»	1.081	»	238
Cyanose.............	»	107	»	36
Spina bifida.........	»	36	»	2
Autres vices de conformation........	1.373	81	»	28
Atrophie et débilité...	»	3.498	573	673
TOTAL........	1.373 (partiel).	4.803	573 (partiel).	977
Rapport à la mortalité générale............	2,6 p. 100	0,5 p. 100	3,1 p. 100	3,9 p. 100

En analysant les cas de décès par malformation, on trouve qu'à New-York ces décès se répartissent comme il suit :

		Masc.	Fém.	TOTAL.
Malformation de l'anus...................		3	2	5
—	du cœur...................	7	1	8
—	des poumons...................	0	1	1
—	du rachis (spina bifida).......	2	0	2
—	de l'œsophage	1	1	2
Autres...................		6	6	12
	TOTAL.........	19	11	30

§ IX.

MORTS VIOLENTES.

TABLEAU LXVIII.

		PARIS.	LONDRES.	NEW-YORK.	VIENNE.
Accidents	Brûlures	123	328	6	»
	Suffocation	»	405	»	»
	Chute de lieux élevés.	»	»	49	»
	Machines..........	»	»	3	»
	Poison	»	40	3	»
	Fractures et contus.	200	767	11	»
	Accidents de voitures	101 (1)	232	31	»
	Blessures accidentell.	»	»	28 (soldats)	»
	Autres.............	356	469	326	»
	TOTAL	780	2.241	416	475
	Rapp. à la mort. totale	1,5 p. 100	3,0 p. 100	1,7 p. 100	0,9 p. 100
Meurtres.		10	132	5	»
Suicides.	Poison.............	»	50	1	»
	Submersion........	»	36	1	»
	Pendaison.........	»	78	8	»
	Armes à feu........	»	44	7	»
	Instruments tranch. ou autres..........	»	67	»	»
	Causes non spécifiées.	706	22	10	113
	TOTAL.......	706	267	36	113

(1) Chiffres fournis par la Préfecture de police.

Ce tableau montre que le nombre des morts accidentelles est minimum à Vienne et à Paris, et maximum à Londres. En examinant les causes spéciales, on voit que le nombre des morts par brûlures est presque trois fois aussi élevé à Londres qu'à Paris. Dans cette dernière ville, sur les 123 décès par brûlures, il y en a 58 d'enfants au-dessous de 5 ans. Le nombre des accidents de voiture est plus de deux fois plus considérable à Londres qu'à Paris. Ce résultat n'a rien d'étonnant si l'on songe au prodigieux mouvement de circulation qui se fait dans la cité de Londres, où des rues étroites, tortueuses, multiplient encore les chances d'accident (1), et où les cabs et les omnibus ne marchent pas avec une vitesse inférieure à 13 kilomètres à l'heure. A New-York, le nombre des accidents de voitures est encore moins élevé qu'à Paris.

A Paris les accidents de voitures se répartissent ainsi :

Hommes 89 morts. — Femmes 6. — Enfants 10

J'ajouterai que le nombre des décès par accidents de voiture ne peut donner une idée de la totalité des accidents de cette espèce suivis ou non suivis de mort. Le nombre total des accidents de voitures à Paris en 1865 est de 1.308 sur lesquels 101 ont été suivis de mort; on voit donc qu'il y a 1 décès sur 12,9 accidents de voiture.

Le nombre des meurtres est, comme on voit, plus considérable à Londres qu'ailleurs. Il faut ajouter que dans ce nombre se trouvent compris les homicides par imprudence; le nombre des meurtres commis à New-York n'est que de 5, la moitié de ceux qui ont été commis à Paris, ce qui prouve que la sécurité des personnes est aussi grande à New-York qu'à Paris,

(1) M. Darcy, dans un rapport adressé au Ministre des Travaux publics, estimait, en 1850, que le mouvement habituel de circulation des trois grandes lignes de Londres, à travers les ponts de Westminster, Blackfriars, et Londonbridge, varie entre 8.000 et 15.000 chevaux et voitures par jour.

contrairement aux assertions intéressées de certains journaux qui nous représentent la métropole des Etats-Unis comme un repaire de bandits, où l'on ne se promène qu'un révolver au poing.

Il nous reste à parler du suicide dans les quatre capitales.

SUICIDE.

TABLEAU LXIX.

Suicides constatés en 1865.

	PARIS (1).	LONDRES.	VIENNE.	NEW-YORK.
Nombre des suicides.	706	267	113	36
Rapport au nombre total des décès	1 suicide p. 72 décès.	1 s. 275 déc.	1 s. 160 déc.	1 s. 712 déc.
Fréquence du suicide.	9	2,6	4,4	1

Ce tableau montre que le suicide est moins fréquent à New-

(1) Le nombre des suicides pour Paris nous a été communiqué par la préfecture de police : il diffère un peu du chiffre 613, total des suicides constatés par le Bulletin de statistique municipale. Voici la raison de cette différence : un assez bon nombre d'individus se suicident hors de leur domicile ; quand leur identité n'est pas établie, leurs cadavres sont transférés à la Morgue, et le décès se trouve souvent classé au Bulletin parmi les morts accidentelles ou de cause inconnue. Toutes les fois qu'un individu meurt de mort violente, la Préfecture de police ordonne une enquête à ce sujet : cette enquête, faite par un médecin, a en général pour résultat, de déterminer si l'individu s'est suicidé ou a succombé à une mort accidentelle.

York que dans les trois autres capitales ; il est 2,6 fois plus commun à Londres : 4,4 fois à Vienne, et 9 fois plus à Paris. Mais il ne suffit pas de considérer le chiffre des suicides dans une année, pour en conclure rigoureusement au degré de fréquence dans ces différentes villes, il faut voir si cette proportion se maintient dans les années précédentes.

TABLEAU LXX.

Tableau des suicides constatés pendant plusieurs années.

	1853	1854	1855	1856	1857	1858	1859	1860	1861	1862	1863	1864	1865
Paris........	»	»	»	»	636	588	712	588	765	840	786	594	706
Londres	»	»	»	»	»	238	256	285	261	266	251	259	207
New-York...	50	59	63	62	72	75	56	62	44	43	49	36	»
Vienne	»	»	»	»	»	»	»	»	»	»	90	105	113

Ce tableau montre que le nombre des suicides a peu varié à Londres depuis 1857 ; il semble diminuer un peu à New-York, tandis qu'à Paris il augmente sensiblement.

TABLEAU LXXI.

Relevé des suicides à Paris

de 1839 à 1865.

ANNÉES.	SUICIDES.	PROPORTION des suicides.	ANNÉES. (1)	SUICIDES.	PROPORTION des suicides.
1839	304		....		
1840	408		....		
1841	394		1857	636	
1842	356	1 suicide	1858	588	1 suicide
1843	419	en moyenne	1859	712	en moyenne
1844	377	sur	1860	588	sur
1845	258		1861	765	
1846	350	83 décès.	1862	840	70 décès.
1847	425		1863	786	
1848	281		1864	594	
1849	303		1865	706	
1850	391				

(1) Nous n'avons pas pu nous procurer le relevé des suicides de 1850 à

On voit que la proportion des suicides, tout en subissant
d'assez grandes oscillations d'une année à l'autre, a augmenté
depuis 30 ans. On remarquera le nombre peu élevé des suicides en 1848 : il est notablement inférieur à celui des
années qui précèdent ou qui suivent. L'année 1830, marquée
comme 1848 par une révolution, présente la même parti-
cularité, ce qui prouve que les événements politiques n'ont
pas sur le chiffre total des suicides l'influence qu'on leur
accorde généralement.

Nous n'avons aucun renseignement sur la manière dont
les suicides se sont accomplis en 1865 à Paris. Nous donnerons le tableau suivant qui est le résumé des différents genres
de suicides accomplis à Paris, de 1839 à 1848.

TABLEAU LXXII.

Mode de perpétration du suicide à Paris.

Résumé décennal.

	HOMMES.	FEMMES.	TOTAL.	PROPORTION pour 100.
Asphyxie par le charbon...	1.045	1.020	2.065	28
Submersion..............	1.170	600	1.770	24
Strangulation...........	1.015	175	1.190	16
Chute de lieux élevés.....	402	341	743	10
Instruments tranchants....	382	95	477	7
Armes à feu.............	651	4	655	9
Poison	194	175	369	5
TOTAL..........	4.859	2.411	7.270	

Ce tableau montre d'abord que le suicide est deux fois
plus fréquent chez l'homme que chez la femme ; ensuite que

1857. En outre, les nombres correspondants aux années 1857-1863 in-
clusivement, représentent les suicides constatés à Paris et dans le ressort de la Préfecture de police : toutefois, le plus grand nombre des
individus qui se suicident dans ce périmètre, qui est à peu près celui
du département de la Seine, appartiennent à la population de Paris.

la femme pour accomplir le suicide emploie très-rarement les armes à feu et les instruments tranchants, et beaucoup plus souvent que l'homme (toute proportion gardée) le charbon de bois. On a dit que la femme employait de préférence les moyens de destruction qui ne déforment pas la figure ou le corps. Il serait puéril de supposer que les idées de coquetterie dirigent la femme jusque dans le choix du moyen de destruction qu'elle emploie. La vérité est qu'elle n'a pas toujours le choix du moyen, et qu'elle se sert de l'instrument qu'elle a sous la main ; or, le charbon de bois est une substance qui se trouve partout à Paris à portée de celui qui veut accomplir le suicide. A Londres et à New-York, le suicide par la vapeur de charbon est inconnu, par la raison qu'on n'emploie pas le charbon de bois aux besoins de l'économie.

TABLEAU LXXIII.

Suicide par âge et par sexe à Paris

en 1865.

	0-5 ans.	5-15	15-25	25-40	40-60	60 et au-dess.	TOTAL.
Hommes.........	»	2	54	134	320	86	496
Femmes.........	»	1	24	35	40	17	117
TOTAL......	»	3	78	169	260	103	613 (1)
Rapport à la population de chaq. âge	»	»	4,2	5,4	11,3	13,2	»

Le nombre absolu des suicides est maximum de 40 à 60 ans ; mais si l'on tient compte de la population de chaque âge,

(1) Les documents qui m'ont été communiqués par la Préfecture de police, concernant le suicide à Paris, ne donnent aucun détail sur l'âge des suicidés ; j'ai dû m'en tenir aux indications du bulletin de statistique municipale.

on voit que le suicide ne cesse pas d'augmenter avec l'âge,
si bien qu'au-dessus de 60 il est plus de trois fois plus fréquent que de 15 à 25 ans, et deux fois plus que de 25 à
40 ans. C'est là un résultat qui contredit un peu les idées
reçues, et qu'il est bon d'établir par une statistique plus
étendue :

TABLEAU LXXIV.

Suicide par âges, à Paris

(de 1839 à 1848).

	HOMMES.	FEMMES.	TOTAL.	Rapport au nombre des vivants de chaque âge.
10-15 ans..........	0	0	0	
15-20	16	13	29	1
20-30	318	225	543	7
30-40	623	221	844	12
40-50	591	180	771	15,4
50-60	533	180	713	23
60-70	314	116	430	22
70-80	134	46	180	26
80 et au-dessus,...	34	4	38	27

On voit par ce résumé décennal que le suicide augmente
régulièrement jusqu'à 60 ans; de 60 à 70 il diminue un peu
mais il reprend ensuite sa marche ascendante, et à partir de
80 ans il est 27 fois plus fréquent que de 15 à 30, environ
4 fois plus fréquent que de 20 à 30, et plus que double de
ce qu'il est de 30 à 40.

Relativement aux mois dans lesquels les suicides sont accomplis, on trouve qu'ils se distribuent de la manière suivante d'après le bulletin de statistique municipale.

Suicides par mois, à Paris, en 1865.

Janvier.......	52	Juillet.......	57
Février.......	29	Août.........	39
Mars.........	45	Septembre....	57
Avril........	79	Octobre......	39
Mai	59	Novembre....	50
Juin	58	Décembre....	49

Je me contenterai de faire remarquer que le maximum de fréquence du suicide est au mois d'avril, qui est aussi le mois où la mortalité générale est la plus grande. Cette coïncidence est-elle fortuite, ou faut-il, comme on l'a fait, invoquer l'influence des saisons, pour expliquer la fréquence du suicide à certaines époques de l'année? c'est ce qu'il est impossible de décider.

Si nous revenons sur le tableau LXXIII, nous voyons que l'année 1865 présente un fait que l'on ne rencontre pas dans le tableau des suicides accomplis pendant les 10 années 1839-1848: c'est le suicide d'enfants au-dessous de 15 ans. C'est là un fait qui semble devenir normal, et depuis quelques années les relevés mortuaires enregistrent des suicides d'enfants de moins de 15 ans. Il est difficile de pénétrer les motifs du suicide à cet âge; mais les circonstances dans lesquelles il s'accomplit témoignent parfois d'une résolution vraiment étonnante. C'est ainsi qu'un jeune apprenti de 12 ans et demi s'est donné la mort à l'aide d'une arme à feu, qu'il avait fabriquée lui-même de toutes pièces à cette intention. N'ayant pas les moyens de se procurer un pistolet, il se servit d'une clef forée à laquelle il pratiqua lui-même une lumière, remplit de poudre et de morceaux de fer cette arme d'une nouvelle invention, et s'en déchargea le conteau à la région du cœur.

TABLEAU LXXV.

Suicides par arrondissements.

ARROND.	SUICIDES.	NOMB. DE SUICIDES sur 10.000 habit.	ARROND.	SUICIDES.	SUICIDES sur 10,000 habit.
1er	20	2,2	11e	56	4,5
2e	16	1,9	12e	26	3,9
3e	23	2,3	13e	20	3,5
4e (1)	»	»	14e	14	2,6
5e	29	2,7	15e	19	3,4
6e	21	2,2	16e	11	2,9
7e	19	2,6	17e	28	3,7
8e	12	1,7	18e	33	3,0
9e	18	1,6	19e	27	3,6
10e	12	3,7	20e	32	4,5

On voit que la proportion du suicide est généralement plus élevée dans les arrondissements pauvres que dans les riches; pour mieux faire ressortir la différence, on peut à l'aide du tableau XV, qui contient les éléments de comparaison des arrondissements au point de vue de la richesse relative, former deux groupes composés, l'un des circonscriptions les plus riches, l'autre des circonscriptions les plus pauvres; on trouve alors que :

Dans les 4 arrondissem. les plus riches.	1er (Louvre). 2e (Bourse). 8e (Champs-Élysées) 9e (Opéra).	Il y a 18 suicides sur 100.000 habitants.
Dans les 4 arrondissem. les plus pauvres.	11e (Popincourt). 12e (Reuilly). 13e (Gobelins). 20e (Ménilmontant).	Il y a 41 suicides sur 100 000 habitants.

(1) Nous n'avons pas compris ici les suicides du 4e arrondissement, parce que le bulletin de statistique municipale porte au compte de cet arrondissement un grand nombre de suicides d'individus appartenant à d'autres circonscriptions, dont les cadavres ont été déposés à la Morgue, située, comme on le sait, sur le 4e arrondissement.

C'est-à-dire que dans les arrondissements les plus pauvres le nombre des suicides est deux fois plus considérable que dans les arrondissements les plus riches.

En résumé, on constate à Paris 1 suicide sur 72 décès ; à Vienne, 1 sur 160 ; à Londres, 1 sur 275 ; à New-York, 1 sur 712. En d'autres termes le suicide est deux fois et demie plus fréquent à Londres qu'à New-York ; à Vienne, quatre fois et demie ; à Paris, neuf fois plus. Pendant que le chiffre des suicides tend à décroître ou reste stationnaire à New-York et à Londres, à Paris il va sans cesse croissant. Dans cette dernière ville, ce chiffre s'est abaissé considérablement dans les années de révolution, pour reprendre sa marche ascendante quand les temps sont redevenus calmes. Il augmente avec l'âge, si bien qu'au-dessus de 70 ans, il est relativement quatre fois plus fréquent que dans la période de 20 à 30 ans. Enfin, dans les quartiers pauvres de Paris, la proportion des suicides est deux fois plus élevée que dans les quartiers riches.

Tels sont les résultats bruts de la statistique. Nous nous en tiendrions à ces simples données numériques, qui parlent assez d'elles-mêmes, si, dans ces dernières années, on n'avait essayé d'expliquer le chiffre extraordinaire des suicides à Paris par des causes dont l'influence nous semble fort contestable. Dans une étude remarquable et très-remarquée sur la mort volontaire (1), M. Brierre de Boismont, frappé comme nous du nombre toujours croissant des suicides à Paris, n'hésite pas à rendre l'esprit démocratique responsable de ce résultat. « Le suicide, dit ce médecin, change aujourd'hui de caractère ; il tient à des causes nouvelles, parmi lesquelles il faut mettre en première ligne l'avénement de la démocratie. » Le savant directeur de la statistique au ministère de l'agriculture, M. Legoyt, dans un Mémoire présenté à l'Académie de médecine, a prêté à cette opinion l'appui de sa grande autorité : après avoir

(1) *Du suicide et de la folie-suicide*, par le Dr Brierre de Boismont. Page 482, 2e édition.

signalé l'accroissement rapide et général du suicide en Europe, il incline à penser que ce résultat doit être attribué « à la suppression de toute hiérarchie, au culte de plus en plus exclusif du bien-être matériel, aux progrès de l'instruction publique qui suscitent les ambitions, aux crises politiques et à la spéculation. » Or, nous le demandons, est-il un pays où la recherche du bien-être matériel soit plus ardente, et l'instruction plus répandue, et où cependant le suicide soit plus rare ? Dans cette société, la plus véritablement démocratique qui soit au monde, qui a si bien supprimé toute hiérarchie qu'elle ne connaît ni rangs, ni distinctions, ni castes, et que, suivant la parole du général Schoffield, il y faut regarder de près pour y découvrir un gouvernement, la mort volontaire ne figure que pour un chiffre insignifiant, 36 par an à New-York, et 114 dans tout le comté, sur une population de 3,466,212 ! « Le suicide, dit M. Boole, city inspector de New-York, est un genre de mort fort rare dans notre pays. La moyenne des suicidés de 1850 à 1865 ne s'élève pas à 50 par an, parmi lesquels figurent un grand nombre d'Européens. » (1)

Sans sortir de notre pays, on peut d'ailleurs montrer que la démocratie n'a rien de commun avec la question de l'accroissement du suicide à Paris. Comment expliquer dans l'hypothèse de M. de Boismont qu'en 1848, en pleine effervescence démocratique, le nombre des suicides ait considérablement diminué ? Comment expliquer aussi que le suicide aille croissant avec l'âge ? Ne semblerait-il pas que c'est surtout de 25 à 40 ans, à la période de la vie où l'homme est le mieux disposé à subir l'entraînement des idées, que le suicide doive être le plus fréquent ? et cependant la statistique démontre que de 60 à 80 ans il est incomparablement plus fréquent que dans la jeunesse ou dans la virilité.

Mais il est facile d'établir que cette proportion vraiment exceptionnelle du suicide à Paris ne date pas d'hier, comme

(1) *City inspector's report for 1864*, page 329 et suivantes.

le dit M. Brierre de Boismont, et qu'elle est bien antérieure à l'avénement relativement récent de la démocratie. Il y a plus de quatre-vingts ans, l'auteur du *Tableau de Paris*, Mercier, avait déjà remarqué la fréquence du suicide dans cette ville (1) : « Il n'est que trop vrai, dit-il, que le suicide est plus commun à Paris que dans toute autre ville du monde connu. On a voulu mettre sur le compte de la philosophie moderne (à cette époque il n'était pas encore question de la démocratie) ce qui n'est au fond, je l'oserai dire, que l'ouvrage du gouvernement. La difficulté de vivre, le jeu, les loteries trop autorisées, voilà ce qui occasionne les nombreux suicides dont on n'entendait pas parler autrefois..... On a desséché toutes les branches nourricières ; on a tout fait passer dans les mains du roi, argent, charges, priviléges. Les agents de la finance moderne, calculateurs impitoyables, donnent le dernier coup de cabestan sur un peuple déjà mis au pressoir,..... Le peuple n'a plus d'argent, voilà le grand mal ; on lui soutire le peu qui lui en reste par le jeu infernal d'une loterie meurtrière, et par des emprunts d'une séduction dangereuse qui se renouvellent incessamment, etc. »

Tel est le langage que tenait Mercier, quelques années avant la Révolution. Notre société n'est pas tellement changée qu'elle ne puisse se reconnaitre dans ce portrait. La grande loterie n'existe plus, mais nous avons à la place une multitude d'autres loteries qui ne valent pas mieux pour la bourse du pauvre ; et quant aux *emprunts d'une séduction dangereuse*, notre époque n'a rien à envier à celle qui l'a précédée : chaque jour en voit éclore de nouveaux, sans parler de ces jeux de bourse inconnus au siècle passé et de ces mille combinaisons aléatoires, qui servent à amorcer le peuple, pour le plus grand profit des habiles de la spéculation.

La spéculation ! voilà une des causes qui ont le plus contribué

(1) *Tableau de Paris*, tome III, page 193.

à accroître la proportion des suicides (1). Mais la spéculation, quoi qu'on en ait dit, n'est pas un résultat nécessaire de l'avénement de la démocratie; elle en dérive si peu que, dans la pensée même de ceux qui ont poussé au développement de l'agiotage dans notre pays, elle devait servir à faire échec et diversion aux idées démocratiques.

Qu'on cesse donc d'accuser la démocratie de pousser au suicide, comme on en accusait la philosophie au siècle dernier. « Ceux qui se tuent, disait Mercier, ne sont rien moins que des philosophes; ce sont des indigents las de la vie, parce que la subsistance est devenue pénible.» Qu'on remplace le mot de philosophes par le mot de démocrates, et l'observation de Mercier n'aura rien perdu de sa vérité. Nous voyons, en effet, que le suicide est deux fois plus fréquent dans les quartiers pauvres des 11e, 12e, 13e et 20e arrondissements, que dans les riches arrondissements de l'Opéra et des Champs-Élysées : tant est évidente, jusque dans la mort volontaire, cette influence de l'aisance et de la misère que l'on constate à propos de la mort naturelle des individus vivant dans des conditions différentes de bien-être !

APPENDICE. — Mort-nés.

Les mort-nés forment une catégorie distincte de morts qui mérite d'attirer l'attention du médecin aussi bien que des administrateurs. Nous rappellerons qu'au point de vue de l'état civil, ils ne sont compris ni dans les naissances ni dans les décès, et que l'on range dans la catégorie des mort-nés, non-seulement les enfants morts au moment de la naissance, mais encore ceux qui sont nés vivants, mais qui sont morts avant la déclaration légale.

(1) Les journaux sont remplis de ces drames de la spéculation qui se terminent par le suicide ou la folie. On rapprochera le chiffre inusité des suicides à Paris, en 1862, de la catastrophe financière qui marqua cette année.

TABLEAU LXXVI.

Mort-nés par arrondissement et par mois à Paris.

	Janvier.	Février.	Mars.	Avril.	Mai.	Juin.	Juillet.	Août.	Septembre.	Octobre.	Novembre.	Décembre.	TOTAL.
1er Arrond.	17	21	19	13	8	12	7	12	10	16	9	11	155
2e	7	19	10	15	11	13	11	16	12	17	13	16	160
3e —	15	13	21	12	26	6	11	17	18	13	18	18	188
4e	31	23	27	21	24	23	18	23	19	24	26	24	283
5e	20	31	24	16	31	11	20	21	20	33	26	18	271
6e	24	28	27	17	18	25	10	27	29	22	25	31	283
7e	8	11	10	9	11	11	4	11	7	9	10	15	116
8e	11	4	9	13	9	9	6	6	12	14	8	7	108
9e	25	24	21	15	14	16	7	16	14	16	13	22	200
10e	48	37	35	37	32	38	31	37	40	45	33	39	452
11e —	38	32	27	27	35	30	22	43	26	47	36	40	403
12e	22	26	23	19	14	18	16	10	13	20	14	24	219
13e	12	8	12	9	19	9	9	18	5	13	10	12	136
14e	10	13	16	23	20	7	16	15	13	16	20	19	188
15e	16	23	14	11	14	22	16	11	10	15	16	10	181
16e	4	1	4	6	8	4	4	5	6	3	1	10	56
17e	23	17	25	18	17	22	12	13	15	26	16	16	220
18e	26	24	28	31	30	23	20	25	15	31	33	34	320
19e	23	26	20	24	13	20	20	23	17	29	30	25	270
20e —	20	25	15	12	19	19	15	21	12	15	11	19	201
TOTAL........	400	401	387	351	373	338	275	370	313	424	368	410	4410
Sexe masculin...	226	241	216	194	206	199	155	208	187	245	212	227	2516
Sexe féminin....	173	160	171	156	164	139	120	162	126	177	156	183	1887
Sexe indéterminé.	1	0	0	1	3	0	0	0	0	2	0	0	7

On remarquera que le nombre des mort-nés du sexe masculin est de beaucoup supérieur à celui des mort-nés féminins; c'est là un résultat inexplicable dans l'état actuel de la science, et qui témoigne d'une plus grande immunité chez les filles que chez les garçons. Nous avons vu (tableau XI) que de 0 à 5 ans,

la proportion des décès est aussi moins forte dans le sexe féminin que dans le sexe masculin. On remarquera encore que
c'est en octobre qu'a eu lieu le maximum du nombre des
mort-nés : est-ce un fait accidentel et fortuit, ou faut-il y voir
une influence de l'épidémie cholérique, influence qui s'est fait
sentir sur une foule de maladies spéciales dont elle a accru la
mortalité? Enfin le tableau montre encore que sur 4.410 décla-
rations d'enfants mort-nés, 7 se rapportent à des enfants de
sexe indéterminé. Ce chiffre n'a rien d'étonnant si l'on songe
que les enfants mort-nés sont parfois des fœtus de cinq ou
six mois : or, les organes génitaux externes ne commencent à
se développer que vers la fin du quatrième mois de la gros-
sesse et le commencement du cinquième; et tant que la fente
scrotale, qui se réunit chez les enfants mâles pour former la
poche des bourses, ne s'est pas soudée, la distinction des
sexes est presque impossible.

Je dois faire remarquer que les nombres des mort-nés par
arrondissement, tels qu'ils sont consignés dans le tableau
précédent, ne sont pas comparables entre eux, parce qu'un
bon nombre de femmes appartenant à des arrondissements
différents accouchent de mort-nés aux hôpitaux, ce qui élève
le nombre des mort-nés des arrondissements qui ont des hôpitaux ; nous allons donner le tableau des mort-nés constatés
à domicile dans les arrondissements sans hôpitaux.

TABLEAU LXXVII.

Morts-nés à domicile.

Arrondissements sans hôpitaux.	Mort-nés.	Nombre de mort-nés sur 1,000 habit.	Nombre de mort-nés sur 1,000 naissances.
1er	155	1,7	7,7
2e	160	1,9	7,9
3e	188	1,8	7,9
4e	200	1,8	9,7
17e	220	2,9	8,1
18e	320	3	8,3
19e	270	3,5	8,5
20e	201	2,8	7,2
4 arrondissements riches		1,8	8,3
4 — pauvres		3,0	8,0

On voit que si l'on rapporte le nombre des mort-nés à la population, les arrondissements pauvres ont une proportion plus élevée de mort-nés que les arrondissements riches, dans la proportion de 3 à 1,8. Cette manière de procéder serait acceptable et pourrait servir à mesurer l'influence de l'aisance ou de la misère sur le chiffre des mort-nés, si tous les arrondissements fournissaient un nombre d'accouchements proportionnel à la population; mais il n'en est pas ainsi, et nous avons vu (tableau XVI) que le nombre des naissances est relativement plus considérable dans les quartiers pauvres que dans les riches. Dès lors, c'est le nombre des accouchements ou, ce qui est à très-peu près la même chose, le nombre des naissances qu'il faut prendre en considération, et l'on voit que la proportion des mort-nés dans les arrondissements est de 8,3 pour 100 naissances, et dans les quartiers pauvres 8 pour 100, c'est-à-dire un peu moindre dans ces derniers.

Il est intéressant de comparer le nombre des mort-nés à

Paris avec celui que l'on constate dans les autres capitales et
dans le reste de la France; on va voir qu'il s'en déduit des
conséquences qui n'intéressent pas seulement la médecine,
mais qui méritent toute l'attention et la sollicitude de l'Administration.

Mort-nés à Paris, en France, à Vienne et à New-York.

Rapport des Mort-nés aux Décès.

Paris.......... (1855-1865) 1 mort-né sur 10,5 décès.
France......... (1858-1860) 1   —   sur 21,6 décès.
Vienne......... (1863-1865) 1   —   sur 23,5 décès.
New-York...... (1852)   1   --   sur 15 décès.

On voit qu'à Paris le nombre des mort-nés est plus que
double de ce qu'il est dans le reste de la France et Vienne.
Quelle peut être la cause de cette grande mortalité des enfants à la naissance ou avant la naissance pour la ville de
Paris? Nous savons peu de chose sur les maladies qui peuvent
atteindre le fœtus dans le sein de sa mère, et déterminer sa
mort; mais, la pathologie de la vie intra-utérine fût-elle plus
avancée, il resterait encore une inconnue dans la question,
et il y aurait à expliquer pourquoi cette mortalité spéciale
est deux fois plus forte à Paris que dans le reste de la France.
Il faut ajouter d'ailleurs que ce n'est pas un fait accidentel.
Le chiffre des enfants mort-nés a été de tout temps considérable à Paris; et déjà, en 1844, M. de Rambuteau, préfet de
la Seine, écrivait dans une circulaire adressée aux maires de
Paris : « Le chiffre des enfants déclarés mort-nés est extrêmement élevé comparativement au chiffre des autres décès.
Ce résultat et quelques faits connus doivent naturellement
donner lieu de craindre qu'une différence aussi considérable
ne doive être en partie attribuée à des avortements provo-
qués par des manœuvres criminelles, ou par l'administration
imprudente de stimulants actifs et dangereux.» Et ce ma-

gistrat en prenait occasion de recommander aux médecins vérificateurs des décès d'apporter la plus exacte attention quand leur ministère les appelait dans certaines maisons d'accouchements.

Nous remarquerons aussi qu'à New-York, le chiffre des mort-nés (en 1852, nous n'avons pas d'autre relevé) est considérable sans être relativement aussi grand qu'à Paris. Je serais porté à croire que nous ne connaissons à cet égard qu'une partie de la vérité, car le rapport très-remarquable du Dr Ramsay, directeur du *Bulletin de statistique médicale* à New-York, se plaint de la manière irrégulière dont certaines constatations de l'état civil sont faites dans cette ville (1). M. le professeur Tardieu, dans son intéressante et savante *Étude médico-légale sur l'avortement* (2), après avoir fait remarquer l'accroissement rapide et hors de proportion avec l'accroissement de la population qu'a pris le nombre des mort-nés à New-York, ajoute : «Dans cette ville l'avortement constitue une industrie véritable, exercée d'une manière presque publique, et qui a enrichi plus d'une sage-femme.»

Quant à la ville de Londres, il m'a été impossible d'arriver à connaître le chiffre de ses mort-nés. Le *Bulletin des naissances et des morts* ne donne d'ailleurs aucun renseignement à ce sujet. Il me paraît difficile de croire cependant que, dans la capitale d'un pays où l'on a imaginé l'asphyxie sans douleur (*painless asphyxy*), comme complément du *moral restraint* de Malthus, le nombre des mort-nés, s'il était connu, ne fît pas très-bonne figure à côté du chiffre des mort-nés de Paris et de New-York.

(1) The marriages and births are not fully reported. Many of the clergy absolutely refuse to make returns, notwithstanding the law requires it, and physicians do likewise (report of Cyrus Ramsay, M. D., page 185).

(2) Étude médico-légale sur l'avortement, page 18-19.

RÉSUMÉ ET CONCLUSION.

Décès par causes de maladies en 1865.

CAUSES DE DÉCÈS.	PARIS.		LONDRES.		VIENNE.		NEW-YORK. (1864)	
	Nombre des décès.	Proportion P. 100.	Nombre des décès.	Proportion P. 100.	Nombre des décès.	Proportion P. 100.	Nombre des décès.	Proportion P. 100.
Maladies zymotiques....	11.031	21,5	12.195	16,6	1.664	9,2	4.971	19,2
— constitutionn...	10.428	20,3	14.235	19,3	5.782	32,1	6.226	25
— du système nerv	6.653	12,9	7.892	11,0	»	»	3.571	14
— du cœur......	1.458	2,8	3.456	4,0	386	2,0	547	2,1
— des organ. respiratoires.....	7.536	14,7	12.581	17,0	1.283	7,1	2.479	9,9
— des organes digestifs.......	6.820	13,3	6.758	9,2	1.311	7,3	3.600	14,0
— des organ. génito-urinaires...	686	1,2	1.356	2,0	»	»	304	1,3
Débilité et malformation.	1.373	2,6	4.803	6,5	573	3,1	977	3,9
Morts accidentelles......	780	1,5	2.241	3,0	175	0,9	446	1,7
Suicides................	706	1,4	267	0,4	113	0,6	36	0,1
Meurtres...............	10	—	132	0,3	»	—	5	—
Décès non classés......	3.804	7,5	7.544	10,3	6.665	37,1	2.483	9,
TOTAL des Décès.....	51.285	99,6	73.460	99,6	17.082	99,4	25.645	100,2
Mort-nés...............	4.410	»	»	»	762	»	»	»

Pour résumer les circonstances principales de la mortalité générale ou spéciale, nous dirons :

Il y a eu à Paris........ 1 décès sur 36,3 vivants.

à Londres..... 1 — sur 44,2 —

à Vienne........ 1 — sur 31,4 —

à New-York.... 1 — sur 40

Eu égard à la mortalité à l'hôpital et à domicile :

Il y a eu à Paris........ 1 décès à l'hôpital sur 2,7 à domicile.
à Londres 1   —   sur 5   —
à Vienne....... 1   —   sur 2,1   —
à New-York... 1   —   sur 5,8   —

Eu égard à l'influence de l'âge :

C'est de 10 à 20 ans que la mortalité relative est la plus petite.
C'est aux deux extrêmes de la vie, qu'elle est la plus élevée.

Eu égard à l'influence des saisons, la mortalité a été maximum :

A Paris, au mois d'octobre (même en déduisant les décès cholériques).
A Londres, au mois de janvier.
A Vienne, au mois de mai.
A New-York, au mois d'août.

Eu égard à l'influence de la misère et de l'aisance :

La mortalité relative à Paris est trois fois plus grande dans les arrondissements pauvres que dans les quartiers riches.

Les maladies constitutionnelles sont celles qui emportent le plus de monde, partout excepté à Paris, où cette année la présence du choléra a donné la prépondérance aux maladies zymotiques.

De toutes les maladies, la plus meurtrière est la phthisie :

A Paris........ sur 6 décès, il y en a 1 par phthisie
A Londres ..... sur 8   —   1   —
A Vienne....... sur 4   —   1   —
A New-York ... sur 7   —   1   —

La phthisie est un peu plus fréquente chez la femme que chez l'homme ; elle est deux fois plus fréquente dans les quartiers pauvres que dans les riches ; c'est de 25 à 40 ans qu'elle fait le plus de victimes.

Enfin, contrairement à l'opinion reçue, le printemps est la saison la plus défavorable, et l'automne la saison la plus favorable aux phthisiques ; c'est au mois d'avril qu'ils meurent en plus grand nombre.

On voit que la mortalité est considérable à Vienne, où il meurt 1 individu sur 31,4, résultat que confirment les relevés mortuaires des deux années précédentes : elle est moins considérable à Paris, et sans le choléra qui a fait 6.591 victimes en 1865, elle eût été beaucoup moindre. Il faut ajouter d'ailleurs que depuis 1830, sauf quelques légères oscillations, la mortalité a suivi dans cette ville une marche décroisssante. Dans la période de 1830 à 1840, il est mort, année moyenne, 1 individu sur 31,6 ; dans la période de 1840 à 1850, 1 sur 34,8 ; de 1850 à 1860, 1 individu sur 38,3. C'est là un fait remarquable qu'il faut attribuer surtout aux grands travaux d'assainissement exécutés dans la capitale depuis 40 ans, et aux importantes mesures sanitaires provoquées par le comité d'hygiène publique et de salubrité. C'est à Londres et à New-York que la mortalité a été la plus faible : la mortalité va en décroissant dans ces deux villes. A Londres, elle était, il y a trente ans (1840-1845) de 2,444 pour 100 par an ; elle est aujourd'hui de 2,405 pour 100. A New-York, de 1820 à 1825, elle était, année moyenne, de 1 habitant sur 34,5 ; elle est aujourd'hui de 1 sur 40.

Londres et New-York n'ont pas vu s'exécuter dans leur enceinte de ces grands travaux qui ont transformé la capitale de la France, mais en revanche elles possèdent une organisation sanitaire supérieure à celle de Paris. Outre le *Board of health*, qui répond à notre comité d'hygiène, il y a dans ces deux villes un personnel nombreux de médecins spéciaux (*health officers* à Londres, *health wardens* à New-York), chargés de surveiller le mouvement journalier de la mortalité dans toutes les parties de la ville, et d'étudier sur place les causes de ses variations. Par leurs enquêtes et leurs rapports, ils tiennent l'attention de l'autorité sans cesse en éveil sur les améliorations à introduire dans les conditions sanitaires de ces deux villes. Ils sont vraiment les gardiens de la santé publique, comme l'indique leur nom, et leurs attributions embrassent tous les détails de la salubrité, jusqu'à l'alimentation de la ville qui est soumise à leur surveillance et à leur contrôle (1).

Un autre point qui complète l'organisation sanitaire de Londres et de New-York et assure sa supériorité, c'est le système de statistique mortuaire adopté dans ces deux villes. Si quelque chose distingue la race anglaise, ce sont certainement ses habitudes d'enquête en toutes choses et de publicité illimitée. A Londres, les bulletins de décès, dont l'origine remonte au règne d'Élisabeth, n'ont pas cessé de paraître régulièrement depuis 1603 et donnent chaque semaine un relevé des décès par causes de maladies. New-York publie un bulletin semblable. C'est là, il faut l'espérer, un exemple qu'on ne tardera pas à imiter à Paris, où l'administration a adopté, pour le bulletin qu'elle vient de créer, le mode de publication mensuelle, bien inférieur au précédent. En outre, à Londres, un résumé du bulletin est transmis chaque semaine aux journaux de Londres; et le public peut suivre ainsi presque jour par jour les variations de l'état sanitaire. C'est là une mesure qui rendrait de grands services à la médecine à Paris, et qui répondrait à un désir de la population, souvent exprimé par les journaux au moment des épidémies. Il y a lieu de regretter qu'une publication pareille n'ait pas existé au mois d'octobre dernier, alors que le choléra sévissait à Paris; et il faut regretter aussi qu'en l'absence d'un bulletin hebdomadaire des décès, l'administration municipale ait cru devoir refuser aux journaux les relevés des

(1) Nous voyons dans le rapport de M. Boole, city inspector de New-York, qu'en 1864, on a opéré la saisie et la destruction de 42.228 kilogrammes de viande jugée impropre à l'alimentation, 4.600 kilos de poisson et 6.600 œufs. (*Report*, page 180.)

décès cholériques de la capitale. « C'est une opinion répandue sur le continent, remarque à ce sujet le Dr Farr, de Londres (1), que la publication régulière des décès, comme cela se pratique chez nous, aurait pour effet de frapper l'imagination des gens et de provoquer les paniques en temps d'épidémie. L'expérience montre au contraire qu'on calme une population en lui faisant connaître la vérité, et non en gardant le silence, qui laisse la porte ouverte à l'exagération et à toutes les folles terreurs. » Veut-on une preuve toute récente des excellents résultats de cette publicité que l'on semble tant redouter en France? On sait quels ravages le typhus des bêtes à cornes a exercés et exerce encore à l'heure qu'il est en Angleterre. Eh bien ! en dépit du fléau, le prix de la viande de bœuf, qui est la base de l'alimentation de l'Anglais, n'a pas augmenté d'un demi-penny (3 centimes), parce qu'en même temps que l'autorité portait à la connaissance du public, par tous les moyens possibles de publicité, le détail exact des pertes en bétail, et signalait les progrès du fléau, il lui faisait connaître les mesures prises pour en conjurer les effets. Qu'on suppose un instant en France une semblable épizootie : Qui peut dire, en l'absence de tout renseignement officiel, à quelles exagérations les esprits se seraient laissé aller, quel parti la spéculation aurait tiré du silence de l'autorité et de la panique du public, et à quel prix nous eussions mangé le bœuf à Paris ?

Espérons que l'Administration municipale de Paris ne voudra pas rester en arrière de ce qui se fait à Londres, à New-York et à Vienne, et qu'elle complétera bientôt l'œuvre qu'elle a commencée.

(1) *Summary of weeckly returns of* 1865, page 4.

(2) La livre de bœuf se vendait au marché de Newgate, à Londres, 5 deniers 3/4, au mois de mars 1865, avant l'apparition du typhus. Au plus fort de l'épizootie, au mois d'octobre dernier, le prix moyen était de 5 deniers 5/8. (*Quarterly return*, n° 68, page 4.)

NOTES.

NOTE A.

NOSOLOGIE STATISTIQUE.

(Voir chapitre IV. — Maladies zymotiques.)

Je veux dire ici quelques mots de l'ordre que j'ai suivi pour étudier les différents genres de morts. En présence de quatre bulletins qui ont chacun une nomenclature nosologique différente, je me suis décidé, après bien des tâtonnements, à grouper les causes de décès comme on l'a vu par ce qui précède. Cette classification m'a paru la plus commode pour faire entrer dans un cadre commun et faire concorder les indications des quatre bulletins que j'avais à comparer. Je conviens que cet ordre n'est pas irréprochable, mais quel est le médecin qui ignore combien il est difficile d'avoir une nomenclature parfaite ? « Malgré tous les efforts, dit M. le professeur Bouillaud (1), que depuis plus de dix ans, j'ai tentés presque chaque jour, pour trouver une classification nosologique qui satisfît aux conditions fondamentales d'une œuvre de ce genre, je n'y suis point encore parvenu au gré de mes désirs. »

Au surplus, je ferai remarquer qu'une classification, entreprise dans un but de statistique médicale, n'est pas astreinte aux conditions d'exactitude qu'on est en droit de demander pour la classification d'un cours de faculté ou d'un travail didactique. Il faut qu'elle évite les doubles emplois que j'ai remarqués dans certains bulletins, entre autres celui de Paris et de New-York, et qu'elle admette dans son cadre non pas toutes les maladies, mais celles qu'on observe le plus communément. Il faut, en outre, qu'elle conserve les affinités naturelles. C'est rompre le fil analogique, que de ranger, comme on le fait dans le Bulletin de Paris, la colique des peintres, qui est un véritable empoisonnement, à côté de

(1) Nosographie médicale, tome I, prolégom. page xcvi.

la dysentérie, parce que le tube digestif est un terrain commun aux deux maladies. C'est tomber dans le défaut qu'Aristote reprochait aux zoologistes de son temps, quand, prenant pour base de leurs classifications le milieu ambiant, ils rangeaient dans une même famille l'hippopotame et le crocodile, parce qu'ils vivent tous les deux dans l'eau.

La nomenclature que j'ai adoptée, et qui est, à quelques modifications près, celle du Docteur Farr, à Londres, est fondée sur le siége des lésions ; mais, pour la rendre plus complète et plus satisfaisante, il a fallu faire intervenir aussi l'étiologie ou la notion de causalité. J'ai disposé ici cette nomenclature dans un tableau synoptique :

Causes de décès par :

§ 1er

MALADIES GÉNÉRALES.

A. Zymotiques.
Fièvre typhoïde, — typhus, — fièvre intermittente, — puerpérale, — variole, — varioloïde, — rougeole, — scarlatine, — diphthérie, — croup, — coqueluche, — grippe, — érysipèle, — choléra.

B. Virulentes.
Charbon, — pustule maligne, — syphilis primitive, — morve et farcin.
Rage.

C. Toxicohémiq. ou empoisonnem.
Intoxication saturnine ou colique des peintres.
Intoxication mercurielle.
— alcoolique.

D. Altérat. non définie du sang.
Chloro-anémie (diminution du nombre des globules rouges du sang).
Leucocythémie (exagération du nombre des globules blancs).

E. Diathésiques ou constitutionn.
Rhumatisme, — goutte.
Tuberculose du cerveau (hydrocéphale), du poumon (phthisie).
Tuberculose du mésentère (carreau).
Cancer, — scrofule, — rachitisme.
Syphilis constitutionnelle.

Causes de décès par :

F. **Du système** nerveux.	Méningite, — apoplexie cérébrale, — congestion cérébrale, — ramollissement du cerveau, de la moelle, — paralysie, — paralysie générale progressive, — démence, — épilepsie, — tétanos, — convulsions des enfants, — convulsions puerpérales.
G. **De l'appareil** circulatoire.	Péricardite, — hypertrophie, — rétrécissement des orifices, — insuffisance des valvules, — anévrysme de l'aorte.
H. **De l'appareil** respiratoire.	Pneumonie, — pleurésie aiguë, — empyème, — bronchite, — catarrhe, — apoplexie pulmonaire, — asthme.
I. **De l'appareil** digestif.	Dysentérie, — catarrhe intestinal, — iléus et volvulus, — ulcère simple de l'estomac, — hépatite, — abcès du foie, — cirrhose, — ictère grave, — péritonite aiguë, chronique, — hernie inguinale, — crurale, — ombilicale, — hydropisie.
J. **De l'appareil** génito-urinaire.	Néphrite, — diabète, — albuminurie, — catarrhe vésical, — calculs, — maladies du testicule, — de l'urèthre, — de la matrice, — de l'ovaire.

§ 2.

MALADIES

LOCALES.

§ 3.

DÉBILITÉ
et
MALFORMAT.

Débilité congénitale, — imperforation de l'anus, — cyanose.
Spina bifida.

§ 3.

MORTS
VIOLENTES.

Accidentelles, — suicide, — meurtre.

NOTE B.

SUR LES OBSERVATIONS HYGROMÉTRIQUES.

(Voir Météorologie).

L'humidité de l'air est, après la température, l'élément météorologique qu'il importe le plus de connaître dans l'étude du développement de certaines maladies (voir Météorologie et maladies zymotiques) : aussi on ne saurait apporter trop de soin à déterminer l'état hygrométrique de l'atmosphère. Mais il faut bien le dire, les procédés qu'on emploie dans les diverses stations, pour mesurer le degré d'humidité de l'air, sont loin d'être aussi rigoureux que ceux qui servent à déterminer la température, et surtout, ils sont loin d'être comparables. A l'observatoire de Paris, l'état hygrométrique est déterminé une seule fois par jour à midi, à l'aide de l'hygromètre à cheveu. En observant à midi, on a des valeurs généralement trop faibles, l'état hygrométrique moyen ayant lieu vers neuf heures du matin ; aussi voit-on dans le tableau xx, que les valeurs données par l'Observatoire sont notablement plus petites que celles que j'ai déduites de mes observations à l'aide de l'hygromètre d'August ; elles présentent la même différence avec les valeurs analogues données pour Londres et Vienne.

Dans ces deux dernières villes, ainsi qu'à New-York, on mesure l'état hygrométrique à l'aide du psychromètre d'August, instrument qui n'est pas assurément irréprochable, mais qui a l'avantage de donner des valeurs partout comparables. C'est cet instrument qui m'a servi à déterminer l'humidité de l'air à Paris, dans le courant de l'année 1865 ; mais l'instrument ne donne pas à vue, comme l'hygromètre à cheveu, le degré d'humidité de l'air. Il faut pour cela employer une formule assez compliquée ou des tables construites empiriquement. Je me suis servi des tables construites par M. Glaisher, membre de la Société royale de Londres, directeur des observations météorologiques à Greenwich. En Angleterre, où la météorologie est cultivée avec plus de succès qu'en France, et compte plus d'un amateur distingué parmi les gens du monde, ces tables sont couramment et exclusivement employées (1). Je me suis assuré qu'elles donnent des résultats qui diffèrent à peine de quelques

(1) Hygrometrical tables, par J. Glaisher, F. R. S. — London, 1863, 3e édition.

dixièmes de degré de ceux qu'on obtient en calculant directement l'état hygrométrique, à l'aide d'une formule empirique. M. John Flechter Miller, de la Société royale de Londres, a trouvé qu'en Angleterre, la différence ne s'élevait pas à 1/10e de degré; cet observateur, qui jusque-là employait l'hygromètre de Daniell, a adopté l'instrument et les tables de M. Glaisher.

NOTE C.

SUR L'ANALYSE DES EAUX DE LONDRES.

Par le professeur Frankland, membre de la Société royale, etc

(Voir tableau vii)

Désireux de connaître les procédés qu'on employait à Londres pour analyser les eaux qui sont distribuées à la population, je m'étais adressé à M. Frankland qui est chargé d'en faire périodiquement l'analyse. L'illustre professeur du collège des chimistes de Londres m'adressa à ce sujet une longue et savante lettre, dont je donne ici un extrait :

« ...... Pour la détermination du résidu solide total et de la matière organique contenue dans l'eau, j'évapore un litre de ce liquide dans une capsule en platine, où l'on met préalablement 1 gramme de carbonate de soude. C'est là un point important, car il empêche la perte durant l'évaporation et l'incinération, de MgCl, quand il y en a, et il assure la parfaite dessiccation du résidu à 120°-130° C. Après l'incinération à la plus basse température possible, on ajoute environ 100 centimètres cubes d'une solution saturée de CO^2, pour reconstituer CaO et MgO, et après évaporation, le résidu est de nouveau desséché à 120°-130°. L'extrait suivant de mon rapport au régistraire général répondra aux autres questions que vous m'adressez au sujet des matières organiques contenues dans les eaux. « La seconde colonne du tableau (voir tableau vii) donne les proportions de matières organiques qui restent après évaporation et dessiccation à l'étuve, à 120°-130°; la troisième colonne donne la perte que ce résidu solide subit à l'incinération. Cette perte, qu'on regarde comme due généralement à la destruction des matières organiques seules, représente en outre quelques substances organiques volatiles, telles que les sels ammoniacaux, les nitrites et les nitrates, qui, lorsqu'ils sont soumis à une forte chaleur, sont plus ou moins décomposés. La porte par incinération n'est donc pas une mesure exacte de l'*impureté organique* de l'eau. Pour évaluer approximativement la quantité de matière organique oxydable qui reste, on a inscrit dans la colonne 4 les proportions d'oxygène que le résidu de matière organique exige pour son oxydation. (Ces proportions sont déterminées à l'aide d'une solution titrée de permanganate de potasse que l'on fait agir sur l'eau à analyser : cette solution titrée est obtenue en dissolvant 0 gr. 4 de permanganate de potasse dans un litre d'eau distillée.) Il est bon de remarquer que des matières minérales, telles que l'hydrogène sulfuré, les protosels de fer, peuvent se trouver accidentellement dans les eaux, et les matières sont oxydées par le permanganate de potasse, en même temps que les substances organiques. D'autre part, il peut exister dans l'eau certains principes organiques, comme l'urée, que le permanganate de potasse ne réduira pas. »

On voit, par ce simple extrait, qu'il est difficile d'apporter plus de soin que ne l'a fait M. Frankland, à la détermination de la quantité des matières organiques contenues dans les eaux ; les procédés les plus délicats et les plus ingénieux ont été mis en œuvre par l'illustre chimiste, et cependant, de son aveu même, ils sont loin de donner des résultats irréprochables.

NOTE D.

DE L'ACCROISSEMENT DE LA POPULATION.

(Voir tableau 1 Population.)

Quand on désigne par P et P_1 la population d'une ville ou d'un pays à deux époques différentes, l'accroissement de la population se calcule à l'aide de la formule :

$$P (1 + x)^n = P_1$$

dans laquelle x désigne l'accroissement annuel par habitant, et n le temps qui s'écoule pour que la population P devienne P_1. Voici le type du calcul pour Paris : la population, en 1856, étant 1.500.129 (entre les fortifications et garnison non comprise) ; en 1861, elle était de 1.667.841. On a pour calculer l'accroissement :

$$1.500.129 (1 + x)^5 = 1.667.841.$$

formule calculable par logarithmes et qui donne $1 + x = 1,0214$, c'est-à-dire que 1 habitant devient en un an 1,0214, ou 100 habitants deviennent à très-peu près 102 habitants.

Connaissant l'accroissement moyen annuel, on s'en sert pour déterminer la population à une époque donnée ; c'est ainsi que nous avons trouvé que la population de Paris, au milieu de 1865, pouvait être estimée à 1.834.700, garnison non comprise.

C'est cette formule que j'ai employée pour calculer la population de Londres, de New-York et de Vienne en 1865.

Cette formule ne donne la population que par à-peu-près, parce que plusieurs circonstances difficiles à soumettre au calcul, comme les apports de l'immigration, viennent à chaque instant modifier les conditions régulières de l'accroissement de la population ; mais elle s'appliquerait fort exactement à une population comme celle de la Russie, qui s'accroît presque exclusivement par l'excès des naissances sur les décès, en vertu d'une loi uniforme que les causes extérieures ne troublent que très-légèrement.

NOTE E.

DÉTERMINATION DE LA VIE MOYENNE A DIFFÉRENTS AGES.

(Voir tableau XVIII).

Deparcieux, dans son *Essai sur les probabilités de la vie humaine*, a donné une formule qui permet de calculer la durée de la vie moyenne pour une collection d'individus, quand on connaît le nombre des survivants à chaque âge, et que les âges se succèdent d'année en année. Mais cette formule est inapplicable, dans le cas où les âges se succèdent suivant une autre loi, par exemple, de cinq en cinq ans, comme dans les tables mortuaires, publiées par la *Statistique de la France*, ou bien encore, d'année en année, pour les dix premières années de la vie, et de cinq ans en cinq ans, pour le reste de la table, comme dans l'*Annuaire du bureau des longitudes*. Il y a donc lieu de rechercher une formule plus générale qui convienne aux différents cas spéciaux qui peuvent se présenter dans la pratique. Voici comment j'établis cette formule générale :

Supposons qu'aux âges

$$A, B, C \ldots\ldots G, H, I, K \ldots\ldots Q, R$$

se succédant de A en H à des intervalles de temps égaux à n; et de H en R, à des intervalles de temps égaux à n_1; supposons, dis-je, qu'à ces âges, correspondent respectivement les nombres suivants de survivants :

$$a, b, c, \ldots\ldots g, h, i, k, \ldots\ldots q, o$$

nous supposons aussi que R représente le dernier âge de la table, celui pour lequel le nombre des survivants se réduit à zéro.

Cela posé, dans l'intervalle de temps B-A $= n$, il meurt a-b individus, et comme ces individus meurent à des époques quelconques entre A et B, on peut admettre qu'ils meurent tous au milieu de l'intervalle B-A, en sorte qu'ils ont $\frac{B-A}{2} = \frac{n}{2}$ années de vie, de même dans l'intervalle C-B, il meurt b-c individus, qui auront $n + \frac{n}{2} = \frac{3n}{2}$ années de vie, et ainsi de suite ; en sorte que les individus des groupes :

$$a\text{-}b, b\text{-}c, \ldots\ldots g\text{-}h; h\text{-}i, i\text{-}k, \ldots\ldots q$$

atteindront respectivement les âges :

$$(1) \quad \frac{n}{2}, \frac{3n}{2}, \ldots\ldots \frac{(2t+1)n}{2}, \frac{2t+2}{2}n + \frac{n_1}{2}, \frac{2t+2}{2}n +$$

$$\frac{3n_1}{2} \ldots\ldots \frac{2t+2}{2}n + \frac{2t_1+1}{2}n_1$$

mais on peut considérer a-b, b-c, etc., comme représentant les chances favorables pour arriver à ces âges, et si l'on divise a-b, b-c, $\ldots\ldots$ q par le nombre total des individus a dont chacun a la chance d'y arriver, les fractions

$$(2) \quad \frac{a\text{-}b}{a}, \frac{b\text{-}c}{a}, \ldots\ldots \frac{g\text{-}h}{a}, \frac{h\text{-}i}{a}, \frac{i\text{-}k}{a}, \ldots\ldots \frac{q}{a}$$

représenteront respectivement les probabilités pour chacun des individus a d'arriver aux âges (1).

Si maintenant on multiplie les âges (1) respectivement par les probabilités (2) d'y arriver, et qu'on fasse la somme des produits obtenus, on aura ce que Bernouilli a appelé *l'espérance de vie*, à cause de son analogie avec l'espérance mathématique que l'on considère dans le calcul des probabilités : or, l'espérance de vie n'est autre chose ici que la *vie moyenne* à l'âge A, et cette vie moyenne, à l'âge A, aura pour expression :

$$V_m = \frac{a\text{-}b}{a} \cdot \frac{n}{2} = \frac{b\text{-}c}{a} \cdot \frac{3n}{2} + \ldots\ldots \frac{g\text{-}h}{a} \frac{(2t+1)n}{2} + \left(\frac{h\text{-}i}{a}\right)\left(\frac{2t+2}{2}\right)$$

$$n + \frac{n_1}{2}\right) + \left(\frac{i\text{-}k}{a}\right)\frac{2t+2}{2}n + \frac{3n_1}{2}\right) + \ldots\ldots + \frac{q}{a}\left(\frac{2t+2}{2}n + \frac{2t_1+1}{2}n_1\right)$$

en tenant compte des réductions qui s'opèrent entre les termes, cette expression peut se ramener à la forme suivante :

$$Vm = \frac{n}{2a}(a + 2b + 2c + \ldots 2g. + h.) + \frac{n_1}{2a}(h + 2i + 2k \ldots + 2q)$$

ou

$$(3)\quad Vm = \frac{n}{2} + \frac{n}{a}\left(b + c + \ldots g + \frac{h}{2}\right) + \frac{n_1}{a}\left(\frac{h}{2} + i + k \ldots + q\right)$$

Si dans cette formule, on suppose $n_1 = n$, c'est-à-dire si les âges se succèdent dans la table mortuaire suivant des intervalles égaux d'un bout de la table à l'autre, l'expression deviendra

$$Vm = \frac{n}{2} + \frac{n}{a}\left(b + c + \ldots + g + h + i + k \ldots + q\right)$$

Enfin, si l'on veut calculer la vie moyenne, dans le cas où les âges varient d'année en année, ce qui est le cas de la table de Deparcieux, la formule sera encore plus simple :

$$Vm = \frac{1}{2} + \frac{b + c + \ldots g + h + i + k + \ldots q}{a}$$

Je me suis servi de la formule (3) pour calculer la vie moyenne à Paris pour les différents âges de la vie. Quand on emploie cette méthode, on commence d'abord par calculer la vie moyenne à l'âge le plus avancé, et on remonte de proche en proche jusqu'aux premiers âges de la vie. L'opération ainsi conduite marche très-vite, et en moins de deux ou trois heures, on peut achever par ce procédé un calcul qui, en suivant la méthode ordinaire, demanderait plusieurs jours de travail.

LÉGENDE EXPLICATIVE

Les lignes tracées sur cette carte sont destinées à représenter, pour par pour la mortalité et l'état individuel, jour de Paris les circonstances météorologiques qui in n'exprimée graphiquement sont : la pluie des vent, la quantité de pluie tombée, la pression atmosphérique, la température et l'humidité de l'air.

Le premier tracé ou allant de haut en bas représente les variations du vent dans ses intensité, se traçant à été fait d'après une échelle ordinaire placée à l'extrémité gauche du tracé.

Le second tracé représente la quantité de pluie tombée à l'Observatoire en 1865, la hauteur des ordonnées ou lignes verticales mesurant à l'échelle placée aux deux extrémités du tracé donne en millimètres la quantité d'eau recueillie chaque jour à l'Observatoire.

Les troisième tracé représente les oscillations diverses de la colonne barométrique.

La quatrième tracé représente les variations diverses de la température moyenne.

Le cinquième tracé représente les variations de l'état hygrométrique de l'air: le degré 100 de l'échelle placée aux deux extrémités du tracé correspond au point de saturation de l'air. L'état hygrométrique a été déterminé par ... l'aide du Psychromètre d'Auguste : le tracé présente une ... que l'avait été du 20 Mars au 21 Juin ...

Le sixième tracé exprime la mortalité : une double échelle placée aux extrémités du tracé indique le nombre des décès chaque jour : au coté ... le 31 Mai, il y a eu 85 décès et le 14 Juillet 385 décès.

Enfin le tracé ... n'a pas eu les bas de la carte ... la mortalité mais par mois dans les 20 Arrondissements ou n'a considéré que la mortalité à diminuée et en à rapport les population relative dans chaque arrondissement à 10,000 habitants on voit que ... comparer les plus élevées dans tous les Arrondi ... jusq' le 79% correspondant au mois d'Octobre, à l'époque ou le choléra sévissait à Paris et que la mortalité relative atteint sa maximum dans les 1er, 2e, 3e, 11e, 18e, 19e et 20e Arrondissements et son minimum dans les 7e, 8e et 9e Arrondissements.

DÉTAILS STATISTIQUES

Météorologie

1865	Thermomètre	Baromètre	Hygromètre	Pluviomètre	Mortalité
Janvier	3°6	748.7	81	60.5	4.173
Février	2°4	755.1	79	35.5	3.550

CARTE REPRÉSENTANT LA MORTALITÉ ET L'ÉTAT MÉTÉOROLOGIQUE DE PARIS EN 1865,

| | JANVIER | FÉVRIER | MARS | AVRIL | MAI | JUIN | JUILLET | AOÛT | SEPTEMBRE | OCTOBRE | NOVEMBRE |

VENTS

PLUIE TOMBÉE — Quantité de pluie ou de neige en Millimètres

PRESSION ATMOSPH — Hauteur du Baromètre en Millimètres

TEMPÉRATURE — Température en degrés Centigrades

HUMIDITÉ DE L'AIR — Degrés Hygrométriques

PRÉSENTANT LA MORTALITÉ ET L'ÉTAT MÉTÉOROLOGIQUE DE PARIS EN 1865.

AVRIL	MAI	JUIN	JUILLET	AOÛT	SEPTEMBRE	OCTOBRE	NOVEMBRE	DÉCEMBRE	Échelle	Échelle Météorologique

PRESSION ATMOSPHÉRIQUE

TEMPÉRATURE

HUMIDITÉ DE L'AIR

Degrés extrêmes de froid et de chaleur observés à Paris à diverses époques

Années	Date	Minimum	Maximum

MORTALITÉ

MORTALITÉ A DOMICILE PAR ARRONDISSEMENTS

DÉCÈS PAR CAUSES SPÉCIALES (1865)

Fièvre typhoïde
Petite Vérole
Croup et Diphthérie
Choléra
Autres maladies zymotiques

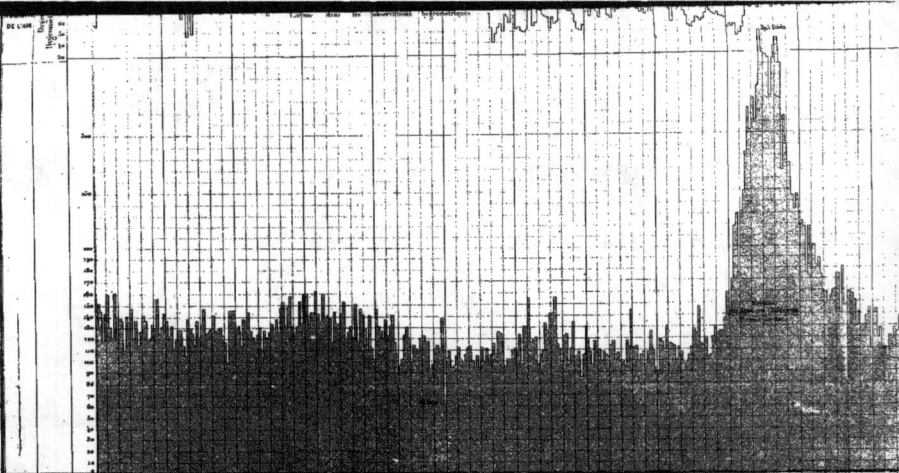

DÉTAILS STATISTIQUES
Météorologie

1865	Baromètre	Thermomètre	Hygromètre	Ozone	Mortalité
Janvier					
Février					
Mars					
Avril					
Mai					
Juin					
Juillet					
Août					
Septembre					
Octobre					
Novembre					
Décembre					
Moyenne					

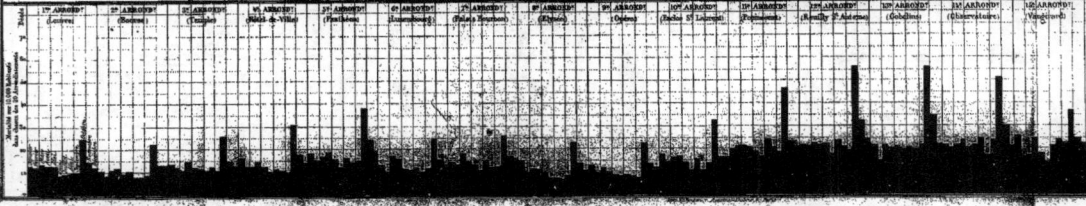

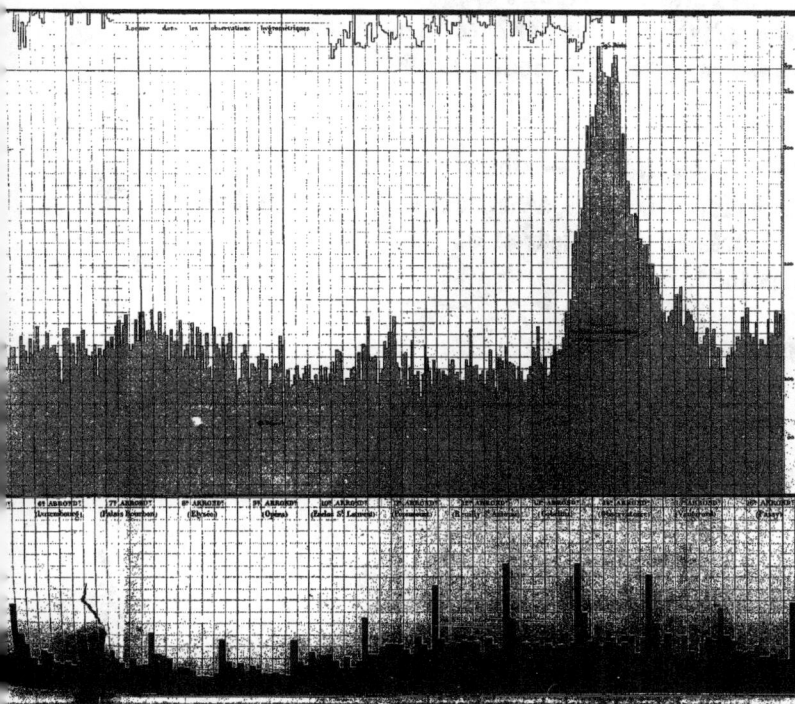

Largeur dans les observations hygrométriques.

DÉCÈS PAR CAUSES SPÉCIALES (1865)

		Nombre des décès	Pour cent
I	Fièvre typhoïde		
	Petite Vérole		
	Croup et Diphtérie		
	Choléra		
	Autres maladies zymotiques		
	Total des décès par maladies zymotiques		
II	Cancer		
	Phthisie		
	Autres maladies constitutionnelles		
	Total des décès par affections constit.ᵉˢ		
III	Maladies du Cœur		
IV	id. du Poumon		
V	id. du Cerveau		
VI	id. du Très âgé seul		
VII	id. de l'Appareil génito-urinaire		
VIII	Suicides		
IX	Accidents de voitures		
	autres		
X	Décès divers non classés		
	Total Général		

ANNÉES MARQUÉES
PAR UNE MORTALITÉ EXCEPTIONNELLE A PARIS

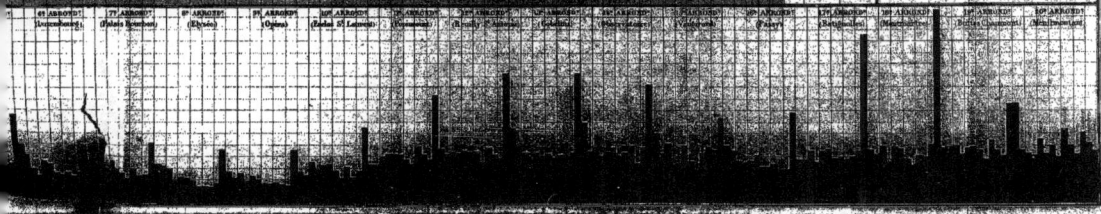

Années	Décès		Observations

Docteur Vacher

TABLE DES MATIERES.

NOTES

ERRATA

CARTE MÉTÉOROLOGIQUE.

— L'ordonnée de la mortalité du 30 mai a été omise par le graveur. Ce jour-là il y a eu 112 décès.

— Mortalité sur 1,000 par arrondissements, 9ᵉ arrondissement 10,7 *au lieu de* 13,7,

— Mortalité du 14 octobre : 391 décès *au lieu de* 393.

A. PARENT, imprimeur de la Faculté de Médecine, rue Mᵉ le Prince, 31.

BIBLIOTHEQUE NATIONALE

SERVICE DES NOUVEAUX SUPPORTS

58, rue de Richelieu, 75084 PARIS CEDEX 02 Téléphone 266 62 62

Achevé de micrographier le : 27 / 12 / 1976

Défauts constatés sur le document original

Contraste insuffisant ou
différent, mauvaise qualité
d'impression

Under-contrast or different,
bad printing quality

www.ingramcontent.com/pod-product-compliance
Lightning Source LLC
Chambersburg PA
CBHW072236270326
41930CB00010B/2158